Annette Neubauer

Engel Berti

Ein Vorleseprojekt für die Adventszeit

Materialien für den Kindergarten

Hase und Igel®

© 2012 Hase und Igel Verlag, Garching b. München
www.hase-und-igel.de
Lektorat: Monika Burger, Insa Janssen
Satz: Claudia Trinks
Illustrationen: Corina Beurenmeister
Druck: Himmer AG, Augsburg

ISBN 978-3-86760-869-5

Inhalt

Vorwort 4

1. Dezember	Erster Besuch	Engel in Spritztechnik	6
2. Dezember	Das Bild an der Wand	Nudelengel	8
3. Dezember	Weihnachtsmänner rundherum	Wimmelbild	10
4. Dezember	Frohe Botschaft	Hosentaschen-Engel	12
5. Dezember	Die Schneeballschlacht	Fingerspiel: Fünf Schneeflocken	14
6. Dezember	Der Nikolaus war da	Bewegungsspiel: Nikolausbart	16
7. Dezember	Eine glückliche Familie	Lied: Kling, Glöckchen, kling	18
8. Dezember	Der lächelnde Schneemann	Papprollen-Schneemann	20
9. Dezember	Bei Familie Özgur	Engel aus Handabdrücken	22
10. Dezember	Frieden auf Erden	Auf der Suche nach Engeln	24
11. Dezember	Im Wald	Ruhig werden	26
12. Dezember	Ein himmlischer Duft	Rezept: Engelsaugen	28
13. Dezember	Weihnachten unter Palmen	Stempel-Weihnachtskarten	30
14. Dezember	Auf dem Weihnachtsmarkt	Duftorange	32
15. Dezember	Der Sternschnuppenwunsch	Sterngucker	34
16. Dezember	Zusammen geht's leichter	Weihnachtskette	36
17. Dezember	Das Krippenspiel	Mein Engelsbild	38
18. Dezember	Berti greift ein	Mein Schutzengel	40
19. Dezember	Ein liebevolles Geschenk	Weihnachtspuzzle	42
20. Dezember	Im Krankenhaus	Adventsmeditation	44
21. Dezember	Eine Wohnung wird geschmückt	Weihnachtsbaum-Anhänger	46
22. Dezember	Eine Botschaft für das Christkind	Mandala	48
23. Dezember	Der schönste Weihnachtsbaum	Tannenbaum	50
24. Dezember	Endlich ist Heiligabend!	Weihnachtsmemory	52

Gestaltungsvorlagen 54

Vorwort

Der kleine Engel Berti will herausfinden, wie die Menschen Weihnachten feiern. Mit diesem Adventskalender begleiten Sie und Ihre Kinder ihn bei seinen Ausflügen auf die Erde: So landet er z.B. im Regal eines Supermarkts zwischen Schokoweihnachtsmännern, in der Spielkiste eines Kindergartens, bei verschiedenen Kindern und Familien in der Wohnung, in einer Kirche oder im Krankenhaus. Dabei lernt er unterschiedliche Bräuche der Vorweihnachtszeit kennen, wie z.B. das tägliche Öffnen des Adventskalenders, Plätzchenbacken oder das Einüben eines Krippenspiels. Darüber hinaus erfährt er, dass es Menschen glücklich macht, wenn sie mit ihrer Familie oder anderen Menschen etwas gemeinsam tun, und dass es auch Freude bereitet, etwas zu verschenken.

Passend zu den in den jeweiligen Geschichten geschilderten Erlebnissen, finden Sie für jeden Tag einfache Spiel- und Bastelanregungen, Bewegungslieder und Rezepte. Diese ermöglichen es den Kindern, die beim Vorlesen gehörten Informationen ganzheitlich zu erfahren und zu vertiefen. Die Aktivitäten sind vielfältig und für Kindergartenkinder geeignet.

Die Geschichten

Am ersten Dezember landet der Engel Berti zum ersten Mal auf der Erde und trifft einen Hund. Er erzählt ihm, dass er lernen möchte, wie die Menschen Weihnachten feiern. Deshalb wird er jeden Tag in der Adventszeit einen kurzen Besuch auf der Erde machen, um möglichst viel zu erfahren. An den folgenden Tagen trifft Berti Menschen in den unterschiedlichsten Einrichtungen und Lebenssituationen an: Er landet im Kindergarten, in einem Kinderheim und im Krankenhaus. Er ist dabei, als Kinder eine Schneeballschlacht machen, einen Schneemann bauen und hilft beim Schlittenfahren, einen Unfall zu vermeiden. Er lernt Kinder mit den unterschiedlichsten Wünschen kennen: ein Kind, das im Supermarkt einen weiteren Schokoweihnachtsmann haben möchte, obwohl es schon viele hat, ein Kind, das sich sehnlichst wünscht, dass sein Vater an Weihnachten zu Hause ist, und ein Kind, das mit einem Wunschzettel dem Christkind seine Weihnachtswünsche mitteilt. Berti begegnet auch einem Mann, der seiner Tochter eine Karte schreibt, da sie in einem fernen Land wohnt und nicht zu Hause Weihnachten feiern kann. Und von einer alten Frau, die für ihren Mann einen Schal strickt, erfährt er, dass selbst gemachte Geschenke sowohl dem Geber als auch dem Beschenkten mehr Freude bereiten als gekaufte. Berti lernt Adventskalender, Adventskranz und Weihnachtsbaum kennen, ist beim Plätzchenbacken, Weihnachtsliedersingen und beim Schmücken der Wohnung dabei. Bei einer türkischen Familie erfährt er, dass nicht alle Menschen Weihnachten feiern, sondern dass es auch andere Feste gibt. In einer Kirche entdeckt Berti zu seiner Überraschung Darstellungen von Engeln und ist bei einer Probe für das Krippenspiel anwesend. Am 24. Dezember landet er schließlich beim Gottesdienst in der Kirche, wo er Kinder und Erwachsene, denen er in der Adventszeit begegnet ist, wieder trifft.

Zu jeder Geschichte gehört eine kurze Zusammenfassung. Diese ermöglicht es Ihnen, Episoden, die auf das Wochenende fallen, kurz und knapp nachzuerzählen. Die Zusammenfassungen sind auch eine Hilfe, wenn die Kinder sich z.B. im Rahmen eines täglichen Rituals ins Gedächtnis rufen sollen, was am vergangenen Tag geschehen ist. Und schließlich erfahren Kinder, die an dem einen oder anderen Tag fehlten, mithilfe der kurzen Inhaltsangabe in Grundzügen den Fortgang der Handlung.

An einigen Stellen wird der Erzählfluss der Geschichten durch kursiv gedruckte Fragen unterbrochen, die Sie besprechen und diskutieren können. Mithilfe der Fragen werden Begriffe geklärt, die den Kindern vielleicht noch nicht bekannt sind. Außerdem regen die Fragen zum Erzählen an und rufen Geschehnisse aus früheren Geschichten in Erinnerung. Die Fragen dienen lediglich als Anregungen. Zögern Sie nicht, auch an anderen Stellen innezuhalten und das Gespräch mit den Kindern zu suchen.

Das Poster

Diesem Materialienband liegt ein großes, farbiges Poster bei, auf dem der Engel Berti auf einer Wolke sitzend im Sternenhimmel zu sehen ist. Jeden Tag wird das Poster mit farbigen Motiven ergänzt, die von dem zweiten beiliegenden Poster ausgeschnitten werden.

Dabei werden die Sterne jeweils mit einem zur Geschichte passenden Motiv beklebt. Am 24. Dezember schließlich ist Berti von kleinen Szenen, die an seine Erlebnisse auf der Erde erinnern, umgeben.

Das fertige Poster

Die Gestaltungsideen

Zu jeder Geschichte gibt es eine Aktivität, die Sie mit den Kindern nach dem Vorlesen durchführen können. Ab Seite 54 finden Sie dafür einige Gestaltungsvorlagen.

Die Aktivitäten haben einen direkten Bezug zur jeweiligen Geschichte. So wird z. B. am 6. Dezember das Bewegungsspiel Nikolausbart angeboten, am 7. Dezember das Lied „Kling, Glöckchen, kling", das die Familie in der Geschichte singt, oder am 8. Dezember ein Schneemann aus Papprollen. Darüber hinaus gibt es zahlreiche Aktivitäten rund um das Thema „Engel", z. B. den „Hosentaschen-Engel" (4. Dezember), den die Kinder immer bei sich tragen können, den „Engel aus Handabdrücken" (9. Dezember), die „Suche nach Engeln" (10. Dezember) oder das Rezept „Engelsaugen" (12. Dezember). Die Angebote „Ruhig werden" (11. Dezember), „Adventsmeditation" (20. Dezember) und das „Mandala" (22. Dezember) wollen die Kinder einladen, sich auf die Besinnlichkeit der Adventszeit einzulassen.

Mit den Ergebnissen mancher Gestaltungsvorschläge können Sie den Raum wunderbar weihnachtlich dekorieren, z. B. mit dem „Engel in Spritztechnik" vom 1. Dezember, der „Duftorange" vom 14. Dezember oder der Weihnachtskette vom 16. Dezember. Der „Nudelengel" (2. Dezember), „Mein Schutzengel" (18. Dezember), der „Weihnachtsbaum-Anhänger" (21. Dezember) und der „Tannenbaum" (23. Dezember) eignen sich als Schmuck für den Tannenbaum zu Hause. Das „Weihnachtspuzzle" (19. Dezember) oder das „Engelsbild" (17. Dezember) sind schöne individuelle Geschenke für Eltern oder Großeltern.

Unsere Gestaltungsideen sind Vorschläge. Natürlich ist es möglich, an manchen Tagen nur die jeweilige Geschichte vorzulesen und das vorgesehene Motiv auf das Poster zu kleben.

Das Adventsprojekt kann mit der Herstellung eines Memoryspiels abgeschlossen werden. Vorlagen für die Karten finden Sie auf den Seiten 63 und 64. Mithilfe der Motive wird die Erinnerung an „Engel Berti" noch lange wach bleiben.

Rituale

Kinder lieben und brauchen Rituale. Geben Sie der Geschichte von Engel Berti einen festen Platz im vorweihnachtlichen Alltag: Lassen Sie die Kinder jeden Tag in einem gemütlichen Sitzkreis Platz nehmen und entzünden Sie die Kerzen am Adventskranz. Zu Beginn können Sie gemeinsam ein Adventslied singen. Anschließend fassen die Kinder den Inhalt der vorangegangenen Geschichte zusammen. Danach werden sie mit Vergnügen dem Fortgang der Handlung lauschen.

Begleiten Sie mit Ihren Kindern den kleinen Engel Berti bei seinen Besuchen auf der Erde. Ich wünsche Ihnen und Ihren Kindern eine friedvolle und gemütliche Adventszeit und ein frohes Weihnachtsfest!

Annette Neubauer

1. Dezember

Erster Besuch

Plumps! Der kleine Engel Berti ist etwas unsanft auf dem Boden gelandet. Benommen reibt er sich mit seinen winzigen Händen die Augen. Dann schaut er sich neugierig um. Er sitzt mitten in einem Garten. Vor ihm, eingerahmt von Bäumen und Sträuchern, steht ein Haus. Aus dem Schornstein steigt Rauch auf.

„Wie schön es hier ist", staunt Berti. Er wischt sich etwas Erde von seinem weißen Hemd und streicht sich eine goldene Haarsträhne aus dem Gesicht. „Alles wirkt so friedlich."

Vorsichtig breitet er seine Flügel aus und fliegt etwas in die Höhe, um die Umgebung genauer betrachten zu können. So entdeckt er einen zotteligen Hund, der seinen Kopf hinter einem Baum hervorstreckt.

„Wuff!", macht der Hund verwundert und trabt auf Berti zu. Dabei starrt er das kleine Wesen mit großen Augen an.

„Wer bist denn du?", fragt Berti, als er sich vor dem Hund auf einem Stein niedergelassen hat.

„Ich bin Hektor, der Haushund", antwortet der Vierbeiner.

„Dann bewachst du hier also alles", stellt Berti fest.

„Du … du verstehst mich?", bellt Hektor verwirrt.

„Natürlich. Ich verstehe alle Lebewesen auf der Erde." Bertis sternenklare Augen leuchten. „Aber entschuldige bitte. Ich habe mich ja noch gar nicht vorgestellt: Ich heiße Berti. Ich bin ein Engel und wohne im Himmel."

„Und was machst du hier bei uns, Berti?", fragt Hektor weiter.

Habt ihr eine Idee, was der kleine Engel auf der Erde vorhat?

„Ich will lernen, wie die Menschen Weihnachten feiern", erklärt Berti. „Deshalb werde ich bis Heiligabend jeden Tag einen kurzen Besuch auf der Erde machen. Ich bin noch so klein, dass ich nicht lange allein wegbleiben darf, sonst machen sich die älteren Engel Sorgen um mich."

„Klar", meint Hektor so selbstverständlich, als würde er sich ständig mit Engeln unterhalten.

„Aber wo sind denn die Menschen?", fragt Berti und hält nach allen Seiten Ausschau.

Wisst ihr, wo die Menschen sind?

„Um diese Jahreszeit sitzen sie meistens in ihren Häusern. Draußen ist es ihnen nämlich zu kalt", antwortet Hektor. Dabei schüttelt er stolz sein dichtes Fell.

„Sie frieren?", fragt Berti erstaunt.

Hektor nickt mitleidig. „Ja, lange Zeit halten es die Zweibeiner jetzt draußen nicht aus. Sie tragen lustige Mützen auf dem Kopf und Handschuhe an den Händen. Aber bereits nach kurzer Zeit bekommen sie rote Nasen, fangen an zu schniefen und rennen in ihre Wohnungen."

„Na ja, heute ist es leider zu spät für mich, um in ein Haus zu fliegen und dort mit einem Menschen zu sprechen. Ich muss schon wieder zurück." Berti lacht leise. Dabei klingt seine Stimme wie ein helles Glöckchen. Er breitet seine Flügel aus und plötzlich umgibt ihn ein heller Glanz. „Auf Wiedersehen, Hektor!"

„Auf Wiedersehen, Berti!", bellt Hektor. Er wedelt zum Abschied mit dem Schwanz, während Berti in den Himmel steigt, immer kleiner wird und bald nicht mehr zu sehen ist.

Zusammenfassung

Der kleine Engel Berti landet zum ersten Mal auf der Erde. In einem Garten unterhält er sich mit dem Hund Hektor. Der kleine Engel sagt ihm, dass er lernen will, wie die Menschen Weihnachten feiern. Doch weil es sehr kalt ist, sind die Menschen in ihren Wohnungen, sodass er keinem von ihnen begegnet. Berti fliegt wieder in den Himmel. Am nächsten Tag will er wiederkommen.

Engel in Spritztechnik

Material pro Kind:
- ausgeschnittener Engel aus einer Kopie der Vorlage von Seite 54 (auf stabilem Papier)
- weißes Tonpapier (DIN A4)
- Spritzsieb
- alte Zahnbürste
- Wasserfarben
- Becher mit Wasser
- Filzstift

So wird's gemacht:
- Jedes Kind legt seinen ausgeschnittenen Engel möglichst mittig auf das Tonpapier.
- Die Zahnbürste wird nun zuerst in das Wasser und anschließend in eine beliebige Wasserfarbe getaucht, bis die Borsten ausreichend Farbe aufgenommen haben.
- Nun halten die Kinder ihr Spritzsieb mit einer Hand ca. 15 cm über das Papier und reiben mit der Zahnbürste vorsichtig über das Sieb, sodass sich die Farbe in feinen Tröpfchen über das Blatt verteilt. Achten Sie ggf. darauf, dass insbesondere der Umriss des Engels ausreichend Farbe erhält, damit die Kontur später klar erkennbar ist.
- Die Kinder entfernen die Vorlage vorsichtig und lassen die Farbe trocknen.
- Wer will, kann dem Engel mit einem Filzstift ein Gesicht zeichnen.
- Die Kinder können ihrem Engel noch einen Namen geben, den Sie auf dem Blatt notieren.
- Im Gruppenraum aufgehängt begleiten die Engel die Kinder durch die Adventszeit.

2. Dezember

Das Bild an der Wand

Am nächsten Morgen landet der kleine Engel Berti auf der Fensterbank eines mehrstöckigen Mietshauses. Neugierig schaut er nach unten. Auf den Bürgersteigen laufen die Menschen geschäftig hin und her und auf den Straßen sind viele Autos unterwegs.

Es regnet und die Stadt wirkt grau und trüb. Nichts ist so weiß und strahlend, wie Berti es vom Himmel her kennt. Nur die Schilder an manchen Häusern leuchten bunt.

Plötzlich bemerkt Berti, dass es hinter ihm in der Wohnung hell wird. Er dreht sich um und stellt fest, dass in dem Zimmer eine Lampe eingeschaltet wurde. Durch die Fensterscheibe entdeckt er einen kleinen Jungen, der noch ganz verträumt im Schlafanzug aus seinem Bett steigt. Neugierig beobachtet Berti, wie der Junge quer durchs Zimmer geht. Dann nimmt er ein Bild von der Wand und betrachtet es. Vorsichtig klappt er ein Stück Papier zur Seite und schaut dahinter.

„Was macht der Junge da?", denkt Berti aufgeregt und fliegt einfach durch die Scheibe, als wäre sie nicht da.

Wisst ihr, was der Junge macht?

„Was … wer bist du denn?", stottert der Junge, als er den Engel entdeckt, der auf ihn zuschwebt.

„Ich bin ein Engel", antwortet Berti seelenruhig.

„Und wie bist du hereingekommen?", fragt der Junge verwundert weiter.

„Türen, Wände, Fensterglas – das ist für Engel alles kein Problem. Wir schweben einfach hindurch und bemerken gar nichts", antwortet Berti. „Aber wer bist du?"

„Ich heiße Michael", antwortet der Junge und starrt Berti an. „Bist du wirklich ein echter Engel?"

„Was denn sonst?", fragt Berti beleidigt zurück. „Sehe ich etwa aus wie der Weihnachtsmann?"

„Aber Engel gibt es doch gar nicht", erwidert Michael. Dabei fallen ihm fast die Augen aus dem Kopf.

„Siehst du mich oder siehst du mich nicht?", will Berti wissen und flattert direkt vor dem Gesicht des Jungen auf und ab.

„Du bist so klein", meint Michael und kratzt sich am Kopf. „Engel habe ich mir größer vorgestellt."

„Ach, papperlapapp", antwortet Berti. „Ich bin der größte Engel weit und breit."

„Stimmt." Michael grinst.

„Das ist hübsch", stellt Berti fest und betrachtet das Bild, das Michael noch in den Händen hält, von allen Seiten. „Warum ist da zweimal ein Stück Papier zur Seite geklappt?"

„Das ist mein Adventskalender", erwidert Michael stolz. „Ich darf jeden Tag im Dezember ein Türchen öffnen."

„Und warum machst du das?", will Berti neugierig wissen.

Warum öffnet Michael jeden Tag ein Türchen?

„Damit ich weiß, wie lange es noch bis Heiligabend ist", antwortet Michael, während er das Bild wieder an die Wand hängt. „Aber jetzt muss ich ins Badezimmer. Meine Mama kommt bald und schaut nach, ob ich angezogen bin. Ich gehe nämlich schon in den Kindergarten und muss bald los."

„Und ich muss zurück in den Himmel", erklärt Berti. Er breitet seine Flügel aus, winkt Michael noch einmal zu und verschwindet wieder durchs Fenster.

Zusammenfassung
Berti ist auf der Fensterbank eines mehrstöckigen Mietshauses gelandet. Er beobachtet einen kleinen Jungen, der gerade aufgewacht ist und ein Türchen seines Adventskalenders öffnet. Da Berti wissen will, was das bedeutet, fliegt er einfach durch das geschlossene Fenster und unterhält sich mit dem Jungen. Berti erfährt, dass es für jeden Tag bis Heiligabend ein Türchen gibt, das der Junge öffnen darf.

Nudelengel

Material pro Kind:
- Stück Schnur
- Holzperle (Ø ca. 10 mm)
- eine Röhrennudel („Rigatoni")
- eine Schleifennudel („Farfalle")
- zwei Hörnchennudeln
- kleine Muschelnudeln (z. B. Suppennudeln)
- Klebstoff

So wird's gemacht:
- Die Kinder fädeln die Schnur durch das Loch der Holzperle und knoten die beiden Enden zusammen. Daran wird der Engel später aufgehängt.
- Geben Sie nun etwas Klebstoff auf eine Öffnung der Holzperle. Die Kinder drücken ein Ende der Röhrennudel dagegen – das ist der Körper des Engels.
- Nun werden die beiden Hörnchennudeln an den Seiten des Engelskörpers kurz unterhalb der Holzperle als Arme angeklebt. Achten Sie darauf, dass beide Arme in die gleiche Richtung zeigen.
- Auf die Rückseite der Röhrennudel wird eine Schleifennudel als Flügel geklebt.
- Zum Schluss kleben die Kinder einige Muschelnudeln als Locken auf den Engelskopf.

3. Dezember

Weihnachtsmänner rundherum

Heute landet Berti neben einem Weihnachtsmann, der einen großen Sack in der Hand hält. „Guten Tag", sagt Berti höflich. Doch der Weihnachtsmann antwortet nicht. Verwundert schaut Berti zur anderen Seite. Da steht auch ein Weihnachtsmann, der sich ebenfalls nicht rührt und genauso aussieht wie der andere. Auch vor und hinter Berti sind jede Menge Weihnachtsmänner aufgereiht. Berti ist überrascht. Wo ist er denn nur gelandet?

Jetzt steuert eine Frau geradewegs auf Berti zu. Mit einer Hand schiebt sie einen Einkaufswagen, an der anderen hält sie ein kleines blondes Mädchen in einem blauen Mantel.

Erratet ihr, wo Berti gelandet ist?

„Ich will einen Schokoweihnachtsmann", bettelt das Mädchen. Es bleibt stehen, stampft mit dem Fuß auf und zeigt nach vorne auf das mit Schokoweihnachtsmännern gefüllte Regal eines Supermarkts.

„Aber du hast doch schon sechs Weihnachtsmänner, Marie", antwortet die Mutter.

„Ich will noch mehr haben", sagt Marie. Sie greift in das Regal.

Berti duckt sich schnell hinter einem Weihnachtsmann. Aber Marie hat ihn bereits entdeckt.

„Im Regal leuchtet etwas", stellt sie neugierig fest. „Ob das ein Engel ist?"

„Das ist sicher bloß das Glanzpapier der Weihnachtsmänner", erklärt die Mutter und will weitergehen.

„Nein, das stimmt nicht!" Marie starrt wie gebannt in das Regal. „Es ist ein Engel."

„Bitte, Marie", sagt die Mutter ungeduldig. „Was macht denn ein Engel im Supermarkt?"

„Das weiß ich doch nicht", antwortet Marie, während die Mutter sie weiterziehen will. Aber Marie rührt sich nicht vom Fleck.

„Komm doch, wir müssen noch so viel erledigen." Die Mutter betrachtet die lange Schlange an der Käsetheke.

Marie schüttelt den Kopf. „Ich will nicht weitergehen. Ich will den Engel sehen!"

„Dann bleib hier." Die Mutter seufzt und lässt Maries Hand los. „Ich besorge dort drüben Käse und hole dich gleich wieder hier ab. Aber du gehst nicht weg, verstanden?" Marie nickt.

Kaum hat sich ihre Mutter umgedreht, schiebt Marie einen Weihnachtsmann nach dem anderen zur Seite. „Wo ist bloß der Engel hin?", murmelt sie. „Eben war er doch noch da!"

Berti schlüpft weiter nach hinten. Doch schließlich entdeckt ihn Marie und schaut direkt in seine sternenklaren Augen. „Wow! Ein echter Engel! Ein Weihnachtsengel zwischen lauter Weihnachtsmännern!"

Marie greift nach ihm. Aber als sie ihn fassen will, fliegt Berti weg.

„Ich bin nicht aus Schokolade", ruft er empört und schwebt vor Maries Gesicht hin und her. „Mich kann man nicht einfach anfassen, mitnehmen und womöglich noch aufessen!"

„Und warum nicht?", fragt Marie enttäuscht.

„Weil ich aus dem Himmel komme und hier nur zu Besuch bin", erklärt Berti. „Die meisten Menschen freuen sich, wenn sie mich sehen. Ich will auch noch anderen eine Freude machen."

„Klar! Das tu ich ja auch", antwortet Marie. Sie denkt kurz nach. „Ich will auch anderen eine Freude machen. Aber wie geht das?"

„Viele Menschen freuen sich über ein Geschenk", schlägt Berti vor und landet wieder auf dem Regal. „Besonders Kinder."

„Hmmm. Du meinst, ich soll etwas verschenken?", fragt Marie.

„Genau!" Berti nickt.

„Aber was?", fragt Marie weiter.

Habt ihr schon mal etwas verschenkt? Was war es?

„Das weiß ich nicht", antwortet Berti. „Das kannst du sicher selbst herausfinden. Ich muss jetzt wieder zurück in den Himmel." Er hebt ab und steigt immer höher, bis er schließlich durch die Decke des Supermarkts verschwindet.

Marie schaut nach oben und winkt.

Da steht ihre Mutter mit dem Einkaufswagen wieder neben ihr.

„Mama, ich glaube, ich habe eine gute Idee", überlegt Marie laut. „Ich schenke meine Weihnachtsmänner Kindern, die keine Weihnachtsmänner haben."

Zusammenfassung

Berti ist im Supermarkt in einem Regal voller Weihnachtsmänner angekommen. Obwohl Marie, ein kleines Mädchen, schon viele Schokoweihnachtsmänner hat, will sie noch einen weiteren haben. Sie kommt direkt auf Berti zu. Als sie ihn schließlich mitnehmen will, ist dieser empört. Er sagt, dass er noch mehr Menschen eine Freude machen will. Da hat Marie die Idee, dass auch sie anderen Kindern eine Freude machen möchte und ihre Weihnachtsmänner verschenken will.

Wimmelbild

Material pro Kind:
- Kopie der Vorlage von Seite 55
- Buntstifte

So wird's gemacht:
- Sprechen Sie mit den Kindern darüber, was auf dem Bild zu sehen ist.
- Die Kinder finden zunächst die fünf Engel und malen sie in einer Farbe aus.
- Anschließend wird das gesamte Bild farbig gestaltet.

4. Dezember

Frohe Botschaft

Heute landet Berti ganz weich zwischen jeder Menge Teddybären, Giraffen, Elefanten und anderen Tieren aus Stoff und Plüsch.

Ein Junge hockt vor ihm auf dem Boden und starrt ihn mit großen braunen Augen an.

„Bist du … echt?", fragt der Junge erstaunt und pikst vorsichtig mit dem Zeigefinger in Bertis Bauch.

„Was denn sonst?" Beleidigt erhebt sich Berti in die Luft und flattert ein wenig hin und her.

„Oh! Du bewegst dich ja wirklich!", flüstert der Junge atemlos. „Und bist nicht mal größer als ein Plüschhase."

„Natürlich bewege ich mich", antwortet Berti genervt. „Kannst du mir sagen, wo ich hier bin?"

„Du bist im Kindergarten gelandet. Genauer gesagt, in unserer Spielkiste mit den Stofftieren", erklärt der Junge.

„Soso, in einem Kindergarten", wiederholt Berti verwundert. Er fliegt etwas höher und schaut über den Kopf des Jungen hinweg zu den anderen Kindern, die im Zimmer spielen, malen und toben.

„Das glaubt mir niemand", flüstert der Junge.

„Was?", fragt Berti erstaunt.

„Dass ich mit einem Engel spreche", sagt der Junge.

„Das verstehe ich nicht", antwortet Berti. „Hier auf der Erde gibt es doch überall Engel: Sie kleben an den Fensterscheiben, sitzen auf Tischen oder stehen in Schaufenstern. Die Engel sind aus Glas, Plastik und Holz. Aber sobald die Menschen einen echten Engel sehen, trauen sie ihren Augen nicht."

Plötzlich klatscht eine Frau in die Hände und ruft: „Kommt, Kinder! Setzt euch auf die Kissen. Ich lese euch eine Geschichte vor." Dann zündet sie eine Kerze an und macht das Deckenlicht aus.

„Toll! Wir hören eine Geschichte. Möchtest du auch zuhören?", fragt der Junge und steht auf.

Berti nickt. Er hat schon viel über Geschichten gehört. Das ist sicher spannend.

Schnell versteckt Berti sich in der Kapuze des Jungen. Der Junge geht zu den anderen Kindern und setzt sich auf ein Kissen.

Die Erzieherin schlägt ein dickes Buch auf. Im Schein des Kerzenlichts liest sie: „Vor langer Zeit kam ein Engel auf die Erde zu Maria. Er sagte zu ihr: Fürchte dich nicht. Du wirst einen Sohn bekommen und du sollst ihm den Namen Jesus geben. Er wird ein König sein und in Ewigkeit regieren."

Habt ihr schon etwas von dieser Geschichte gehört? Was wisst ihr über Jesu Geburt?

Berti lauscht wie alle anderen Kinder mit gespitzten Ohren. Dabei kuschelt er sich in die weiche Kapuze und schließt die Augen.

Als die Erzieherin das Buch zuschlägt, rufen alle „Oh!" und „Wie schade!". Auch Berti hätte gerne noch mehr von der Geschichte gehört.

„Morgen lese ich weiter", tröstet die Erzieherin die Kinder. Sie steht auf, schaltet das Licht wieder an und löscht anschließend die Kerze.

„Wo ich wohl morgen bin?", fragt sich Berti und breitet seine Flügel aus. Er flattert aus der Kapuze. Unbemerkt fliegt er durch die Wand nach draußen. Dabei freut er sich schon auf den nächsten Tag und auf ein neues Abenteuer auf der Erde.

Zusammenfassung

Berti befindet sich zwischen lauter Stoff- und Plüschtieren. Dort entdeckt ihn ein Junge. Berti erfährt, dass er in einem Kindergarten gelandet ist. Während sich die beiden unterhalten, zündet die Erzieherin eine Kerze an und ruft die Kinder zu sich, um ein Stück aus der Weihnachtsgeschichte vorzulesen. Als sie aufhört, möchten die Kinder mehr hören, aber die Erzieherin vertröstet sie auf den nächsten Tag.

Hosentaschen-Engel

Material pro Kind:
- kleine, verschließbare Dose (z. B. von einem Überraschungsei, Bonbon- oder Tablettendose)
- farbige Selbstklebefolie
- Schere
- Stück Tonpapier (ca. 5 x 5 cm)
- Bunt- oder Filzstifte

So wird's gemacht:
- Die Kinder gestalten das Äußere der Dose nach Belieben mit Selbstklebefolie.
- Nun zeichnet jedes Kind einen Engel auf sein Tonpapier. Falls gewünscht, können Sie die Abbildung des Engels auf Seite 57 als Anregung anbieten.
- Jedes Kind rollt seinen Engel zusammen und steckt das Tonpapier in die Dose. Wer will, kann weitere Dinge, wie z. B. einen schönen Knopf, eine kleine Feder oder einen besonderen Stein dazulegen.
- Die Kinder können „ihren Engel" während der Adventszeit in der Hosen- oder Kindergartentasche mit sich tragen.

5. Dezember

Die Schneeballschlacht

„Was ist denn in der Nacht passiert?", fragt sich Berti, als er auf der Erde landet. „Heute sieht es hier fast so aus wie im Himmel."

Berti rappelt sich auf und schaut sich genauer um. Das muss wohl Schnee sein! Alles um ihn herum ist so weiß, als sei es mit Puderzucker bedeckt. Auch auf den Bäumen liegt eine weiße Schneedecke. Der kleine Weiher vor ihm ist zugefroren. Um ihn herum ist es ganz ruhig. Es gibt keine Autos, keine Straßen, keine Geschäfte und keine Menschen. Nur eine kleine Maus kommt vorbei und huscht zu ihm. Neugierig schnüffelt sie an Bertis Füßen.

„Wo bin ich denn hier?", will Berti von der kleinen Maus wissen.

„Du bist in einem Park", piepst die Maus, ohne auch nur im Geringsten über Bertis Ankunft überrascht zu sein.

„Wunderst du dich gar nicht über mich?", fragt Berti. „Findest du nicht, dass ich seltsam aussehe oder so etwas?"

„Nein, ich habe dich schon erwartet", meint die Maus. „Um diese Jahreszeit landet hier immer wieder mal ein Engel."

„Ach so", antwortet Berti.

Einen Moment sagt keiner der beiden etwas.

„Ist es in einem Park immer so ruhig?", unterbricht Berti schließlich die Stille.

„Frühmorgens schon. Aber das ändert sich bald", erklärt die Maus, während sie ihn mit ihren runden schwarzen Knopfaugen anschaut. „Warte nur ab! Menschen sind ganz verrückt nach Schnee, besonders Kinder. Sie mögen es, darin zu toben, zu spielen und sich damit zu bewerfen. Gleich ist es vorbei mit der Ruhe."

Mögt ihr auch Schnee? Was macht ihr, wenn der erste Schnee gefallen ist?

„Sie bewerfen sich mit Schnee?", fragt Berti die kleine Maus erstaunt.

„Auf der Erde schneit es nicht so oft", erklärt die Maus geduldig weiter. „Deshalb ist Schnee etwas ganz Besonderes für die Menschen. Du wirst es bald erleben."

Kurze Zeit später laufen Kinder jubelnd auf die Wiese. Schnell fliegt Berti zu einem Baum, um sich hoch oben auf einen Ast zu setzen. Von hier aus kann er die Jungen und Mädchen gut beobachten.

Ein Mädchen mit einem roten Schal wirft mit einem Schneeball nach einem Jungen, der sich rasch duckt. Aber anstatt darüber zu schimpfen, dass er fast getroffen wurde, lacht der Junge laut. Dann formt er ebenfalls Schnee zu einer Kugel und zielt auf das Mädchen.

Bald geht alles durcheinander: Jungen und Mädchen werfen mit Schnee, kichern und schreien oder kugeln sich vor Lachen. Als Berti die Kinder so vergnügt spielen sieht, freut er sich und lacht.

Auf einmal hält das Mädchen mit dem roten Schal inne. Es dreht sich um und schaut zu Berti herüber. Rasch versteckt er sich hinter einem Tannenzapfen. Heute hat er keine Lust, entdeckt zu werden. Lieber will er weiter ungestört den tobenden Kindern zusehen.

Langsam kommt das Mädchen näher zu seinem Baum. Es lauscht mit offenem Mund und blickt hinauf zu dem Tannenzapfen, hinter dem Berti sitzt. Dann schüttelt es verwundert den Kopf und zuckt mit den Schultern, als ob es sich getäuscht hätte.

Eine Weile bleibt das Mädchen noch stehen. Schließlich geht es wieder zurück zu den spielenden Kindern und ruft: „Wer macht mit mir einen Engel?"

Berti zuckt zusammen. Wie kann man denn einen Engel machen?

Habt ihr schon mal einen Engel im frischen Schnee gemacht? Wie geht das?

Das Mädchen lässt sich rücklings auf eine noch unberührte Schneefläche plumpsen. Dann rudert es mit den Armen auf und ab und mit den Beinen hin und her. Als es wieder aufsteht, erkennt Berti die Form eines Engels auf dem Boden.

„Das ist ja wirklich eine tolle Sache!", denkt er lächelnd. Ohne dass ihn jemand sieht, breitet er seine Flügel aus, hebt ab und verschwindet schließlich im blauen Himmel.

Zusammenfassung

In der Nacht hat es geschneit. Berti sieht sich gerade im schneebedeckten Park um, als ihm eine Maus begegnet. Kurze Zeit später kommen Kinder, die eine Schneeballschlacht machen. Berti beobachtet sie vom Ast eines Baumes aus. Überrascht verfolgt er, wie sich ein Mädchen auf den Boden legt und mit Armen und Beinen einen „Engel" in den Schnee zaubert. Das will Berti unbedingt den Engeln im Himmel erzählen!

Fingerspiel: Fünf Schneeflocken

Fünf Schneeflocken fallen auf die Erde nieder.	*die fünf Finger einer Hand zeigen*
Das erste Schneeflöckchen macht sich den Spaß	*„1" zeigen (Daumen hochhalten)*
und setzt sich mitten auf die Nas'.	*mit einem Finger der anderen Hand die Nase berühren*
Das zweite Schneeflöckchen setzt sich aufs Ohr	*„2" zeigen (Daumen und Zeigefinger)*
und kommt sich dort ganz lustig vor.	*mit einem Finger ein Ohr berühren*
Das dritte Schneeflöckchen klettert hoch hinauf	*„3" zeigen (Daumen, Zeige- und Mittelfinger)*
und setzt sich auf das Köpfchen drauf.	*mit einem Finger den Kopf berühren*
Das vierte Schneeflöckchen setzt sich auf die Wange	*„4" zeigen (Daumen, Zeige-, Mittel- und Ringfinger)*
und bleibt dort auch nicht lange.	*mit einem Finger eine Wange berühren*
Das fünfte Schneeflöckchen setzt sich auf den Mund	*„5" zeigen (alle fünf Finger)*
und glaubt, der Schnee, der ist gesund.	*mit einem Finger den Mund berühren*

6. Dezember

Der Nikolaus war da

Autsch! Heute ist Berti auf einer Orange gelandet, in der pikende Gewürznelken stecken. Überrascht bemerkt er, dass die Orange in einem Schuh liegt. Und zwar in einem sehr großen Schuh. Neben der Orange liegen Plätzchen, ein Apfel und ein Nikolaus aus Schokolade. Berti schnuppert mit seinem Näschen in der Luft. „Hm, wie herrlich das duftet. So muss Weihnachten riechen." Berti freut sich und lacht sein glockenhelles Lachen.

Plötzlich öffnet sich neben ihm eine Tür. Eine große Hand greift nach dem Schuh und hebt ihn mit allem, was sich darin befindet, hoch. Berti hält den Atem an. Ohne sich zu bewegen blickt er in das runzlige Gesicht eines weißhaarigen Mannes, das mit Lachfalten übersät ist.

„Da hat sich die kleine Amelie von nebenan aber etwas Hübsches einfallen lassen", sagt der alte Mann und schaut Berti ganz gerührt an. Vorsichtig streicht er ihm über seine goldenen Haare. „Was für einen schönen Engel sie für mich gebastelt hat!"

Berti ist wütend. Der Mann hat ihn einfach angefasst! Er ist doch keine Puppe! Aber trotzdem bleibt Berti ganz unbeweglich sitzen. Er will wissen, was als Nächstes passiert.

Der alte Mann geht zurück in die Wohnung und stellt den Schuh behutsam im Flur auf eine Kommode. Auf einmal merkt Berti, wie es in seiner Nase kribbelt. Er hält die Luft an. Aber es hilft nichts. Berti muss laut niesen: „Hatschi!" Und noch einmal: „Hatschi!"

Der alte Mann fährt erschrocken zusammen. Dann streicht er sich verwirrt über die Stirn. „Entschuldigung", murmelt Berti. „Das ist mir noch nie passiert."

Der Mann starrt auf den Schuh, aus dem Berti emporschwebt. „Jetzt sehe ich schon Gespenster!", ruft er entsetzt.

„Keine Angst. Ich bin kein Gespenst, sondern ein Engel", versucht Berti ihn zu beruhigen. „Und geradewegs vom Himmel in deinem Schuh gelandet."

„Das glaube ich nicht", sagt der alte Mann. Er schüttelt den Kopf, fährt sich mit den Händen durch seine grauen Haare und lässt sich auf einen Hocker sinken.

„Ist das eine neue Mode, Schuhe mit Süßigkeiten vollzustopfen?", erkundigt sich Berti jetzt.

Könnt ihr Bertis Frage beantworten?

„Das ist keine neue Mode, sondern ein alter Brauch", erklärt der Mann, der sich langsam wieder beruhigt. „Am Abend stellen wir einen Schuh vor die Tür, damit der Nikolaus ihn nachts mit Süßigkeiten füllen kann."

„Aber der Nikolaus war doch auch im Schuh. Und zwar direkt neben mir!", entgegnet Berti verwundert. „Wie konnte er ihn dann füllen?"

„Der Nikolaus im Schuh ist aus Schokolade", sagt der alte Mann. Er schmunzelt ein wenig. „Der echte Nikolaus war Bischof und hat vor ganz langer Zeit gelebt. Er hat armen Menschen zu essen gegeben und viel Gutes getan."

„Und heute kommt er immer noch?", fragt Berti.

„Kinder stellen am 5. Dezember ihre Schuhe vor die Tür und finden am nächsten Morgen oft ein paar Süßigkeiten darin." Der alte Mann nickt. „Aber ich glaube, dass mein Schuh von meinem Nachbarskind gefüllt wurde, weil es mir eine Freude machen will. Deshalb habe ich ihn gestern Abend auch vor die Tür gestellt. Ich habe gehofft, dass sie an mich denkt und mir etwas schenkt."

„Das ist ein schöner Brauch", sagt Berti. Er betrachtet seine nackten Füße. Leider haben Engel keine Schuhe. Ob er trotzdem vom Nikolaus ein Geschenk bekommen könnte?

Berti verabschiedet sich von dem alten Mann, breitet seine Flügel aus und verschwindet nach oben durch die Decke.

Zusammenfassung

Berti sitzt in einem großen Schuh mit Obst und Süßigkeiten. Ein alter Mann hebt den Schuh hoch und streicht über Bertis goldene Haare. Als Berti niesen muss, erschrickt der alte Mann. In einem Gespräch erfährt Berti, dass Kinder am 5. Dezember Schuhe vor die Tür stellen, damit der Nikolaus sie mit Süßigkeiten füllt.

Bewegungsspiel: Nikolausbart

Material:
- ein Wattebausch pro Kind
- zwei flache Schüsseln
- Vaseline

So wird's gemacht:
- Die Kinder werden in zwei Gruppen eingeteilt.
- Die Wattebäusche werden entsprechend der Anzahl der Kinder in den beiden Gruppen auf eine flache Schüssel auf einen Tisch gelegt.
- Jedes Kind wird am Kinn mit Vaseline eingecremt.
- Die beiden Gruppen stellen sich hinter einer festgelegten Markierung in einer Reihe auf.
- Auf ein Startzeichen hin läuft das jeweils erste Kind der beiden Gruppen zur Schüssel und hält sein Kinn hinein. Sobald Watte am Kinn klebt, läuft es zu seiner Gruppe zurück und das nächste Kind startet.
- In welcher Gruppe haben alle Kinder zuerst einen Nikolausbart?

7. Dezember

Eine glückliche Familie

„Kling, Glöckchen, klingelingeling, kling, Glöckchen kling …", hört Berti, als er heute zur Erde kommt. Er sitzt auf einem bunt geschmückten Tannenzweig, der auf einer Fensterbank liegt. Vorsichtig schiebt er eine rote Weihnachtskugel zur Seite. So blickt er in ein Wohnzimmer, in dem eine Familie gemütlich beisammen ist und Weihnachtslieder singt. Sie sitzen um einen Tisch mit einem Adventskranz herum, auf dem zwei Kerzen brennen.

Habt ihr auch einen Adventskranz zu Hause? Wie sieht er aus?

Neben dem Adventskranz ist ein goldener Teller mit Plätzchen, die nach Zimt und Vanille duften. Berti lauscht der festlichen Melodie und schließt einen Moment die Augen.
    „Was möchtet ihr jetzt singen?", fragt der Vater, nachdem das Lied zu Ende ist.
    „Alle Jahre wieder, Papa", ruft ein Mädchen mit langen Zöpfen.
    „Vom Himmel hoch", ruft ihre Schwester, die neben ihr sitzt.
    „Eins nach dem anderen." Der Vater schmunzelt.
    Die Mutter summt einen Ton. Dann fangen alle zusammen an zu singen. Als das Lied verklingt, will Berti am liebsten noch mehr hören.
    „Wir haben schon den zweiten Advent", sagt das Mädchen mit den langen Zöpfen. „Dann dauert es bis Heiligabend gar nicht mehr so lange."
    „Was heißt Aven?", fragt ihr kleiner Bruder, der ganz ruhig auf dem Sofa neben seiner Mama sitzt und an einem Plätzchen knabbert. Er ist noch zu klein, um mitzusingen. Aber seine Augen leuchten, wenn er den anderen zuhört.
    „Advent heißt Ankunft", antwortet die Mutter. Sie faltet die Hände in ihrem Schoß. „In der Adventszeit warten wir darauf, dass Jesus, Gottes Sohn, auf die Erde kommt."
    „Jesus hat den Menschen Freude und Licht in ihr Leben gebracht", erklärt der Vater weiter. „Deshalb zünden wir auch jeden Sonntag im Dezember bis Weihnachten eine weitere Kerze auf dem Adventskranz an. In unseren Wohnungen und in unseren Herzen wird es immer heller, obwohl die Tage draußen immer kürzer und dunkler werden."

Beobachtet, wie lange es morgens dunkel ist. Wann werden die Straßenlaternen ausgeschaltet?

Der kleine Junge schaut mit großen Augen zum Fenster. Draußen ist es wirklich schon dunkel, obwohl es erst Nachmittag ist. Berti, der vom Tannenzweig aus gespannt zuhört, duckt sich schnell hinter einen großen Strohstern. Aber nicht schnell genug.
    „Am Fenster leuchtet etwas!", ruft der Junge erstaunt. „Ist da … ist da ein Engel?"
    „Vielleicht", sagt die Mutter lächelnd. Dabei wuschelt sie ihrem Sohn liebevoll durch die Haare.
    „Ich habe auch etwas leuchten sehen", sagt nun seine Schwester.

"Das sind die Lichter der Kerzen, die sich im Fenster spiegeln", meint der Vater. Der kleine Junge schaut ihn enttäuscht an.

"In der Adventszeit kommen manchmal Engel auf die Erde, um die Menschen zu besuchen", sagt die Mutter nun. "Vielleicht haben wir mit unserem Gesang einen angelockt."

Berti späht noch einmal aus seinem Versteck hervor. Er schaut sich die Familie an, die so friedlich auf dem Sofa beisammensitzt.

"Diese Familie hat wirklich Licht und Freude im Herzen", denkt er glücklich. Er winkt den Kindern noch einmal zu, die ihn mit offenen Mündern anstarren. Dann fliegt er ganz leise und still durch die Fensterscheibe.

Zusammenfassung

Gut versteckt hinter einem Tannenzweig beobachtet Berti eine Familie, die im Wohnzimmer zusammensitzt und Weihnachtslieder singt. Es ist der zweite Advent und auf dem Adventskranz brennen zwei Kerzen. Die Mutter erzählt den Kindern, dass Advent „Ankunft" bedeutet, da man in der Adventszeit auf die Geburt Jesu wartet. Und der Vater erklärt, dass die brennenden Kerzen ein Zeichen für das Licht und die Freude sind, die Jesus in das Leben der Menschen bringt. Plötzlich entdecken die Kinder am Fenster das Leuchten des Engels. Berti winkt den Kindern zum Abschied zu und verschwindet durch die Fensterscheibe.

Lied: Kling, Glöckchen, kling

Material pro Kind:
- Kopie der Vorlagen von Seite 56/57
- Buntstifte

So wird's gemacht:
- Singen Sie den Kindern zunächst den sich wiederholenden Teil des Liedes vor: „Kling, Glöckchen, klingelingeling, kling, Glöckchen, kling!"
- Wiederholen Sie das mehrmals, bis die Kinder nach und nach mitsingen.
- Den sich ändernden Strophentext singen Sie zunächst allein. Durch mehrmaliges, regelmäßiges Singen des Liedes im Laufe der Adventszeit eignen sich die Kinder den Liedtext an.
- Passend zum Lied können die Kinder das Ausmalbild anschließend farbig gestalten.

8. Dezember

Der lächelnde Schneemann

Heute landet Berti in einem Garten auf dem Dach eines Vogelhäuschens.

Die Bäume und Sträucher um ihn herum sehen aus wie in Watte gepackt. Am anderen Ende des schneebedeckten Gartens steht ein Haus. Jetzt öffnet sich die Tür und ein Mann kommt heraus. Es dauert nicht lange, und ein Junge und ein Mädchen folgen ihm. Alle sind warm gekleidet mit Winterstiefeln, dicken Jacken, Mützen, Handschuhen und Schals.

„Juchhu!", jubelt der Junge und wirbelt mit seinem Stiefel Schnee auf. „Juchhu! Es hat wieder geschneit."

Der Junge bückt sich und formt eine Kugel aus Schnee. Dann rollt er sie auf dem Boden hin und her, bis sie immer größer wird. Seine kleine Schwester und sein Vater klopfen den Schnee von allen Seiten fest. So entstehen drei Kugeln: eine große, eine mittlere und eine kleine.

„Was soll das nun werden?", fragt sich Berti verwundert. Da fallen ihm die spielenden Kinder im Park wieder ein. „Wollen die drei mit den riesigen Kugeln etwa eine ... eine Schneeballschlacht machen?"

Wisst ihr, was der Vater und seine beiden Kinder vorhaben?

Doch dann setzt der Vater mit seinen Kindern die drei Kugeln der Größe nach übereinander.

„Jetzt sieht es schon fast aus wie ein richtiger Schneemann", ruft das Mädchen und klatscht vor Freude in die Hände, während der Junge wieder im Haus verschwindet.

„Was macht denn ein Schneemann?", überlegt Berti, der vom Dach des Vogelhäuschens aus alles genau beobachtet.

Kurz darauf kommt der Junge mit einer Mohrrübe wieder.

„Aha, jetzt wird der Schneemann gefüttert!", denkt Berti.

Aber der Junge steckt dem Schneemann die Mohrrübe mitten ins Gesicht. Dann zieht er zwei Knöpfe aus seiner Hosentasche, drückt sie oberhalb der Mohrrübe nebeneinander in den Schnee und – schwups – hat der Schneemann Augen. Berti freut sich mit den Kindern, während neue Flocken vom Himmel fallen.

„Das Mittagessen ist fertig!", ruft in dem Moment eine Frauenstimme aus dem Haus.

„Oh!", sagt das Mädchen. „Müssen wir schon rein? Es schneit doch gerade wieder."

„Also, ich habe riesigen Hunger und freue mich auf eine warme Suppe", meint der Vater. Er geht zur Tür und hält sie auf. „Herein mit euch!"

Kaum sind die drei im Haus verschwunden, fliegt Berti durch die weißen Flocken zum Schneemann.

„Irgendetwas fehlt ihm noch." Berti betrachtet das runde Gesicht. „Aber was?"

Erratet ihr, was fehlt?

Plötzlich fällt es Berti ein. Er schwebt durch den Garten und macht sich auf die Suche. Schließlich entdeckt er an der Kellertreppe des Hauses einen Eimer mit Steinen. Er nimmt in jede Hand ein Steinchen. So fliegt er zurück und setzt sie unter die Mohrrübe in das Gesicht des Schneemanns. Er fliegt so lange hin und her, bis der Schneemann einen lachenden Mund hat. Berti ist gerade fertig geworden und sitzt wieder zufrieden auf dem Vogelhäuschen, als die Geschwister in den Garten zurückkommen. Verblüfft bleiben die beiden stehen.

„Wer war das?", fragt der Junge und starrt in das Gesicht des Schneemanns. Dann schaut er zum Boden. „Und warum sind hier keine Fußspuren?"

„Ich weiß es nicht", antwortet das Mädchen und schaut sich nach allen Seiten um. Da entdeckt sie Berti auf dem Vogelhäuschen, der ihr zuzwinkert.

„Sieh mal, ein Engel!", flüstert das Mädchen ihrem Bruder zu.

Aber als ihr Bruder sich zum Vogelhäuschen umdreht, schwebt Berti schon zurück in den Himmel und ist zwischen den Schneeflocken nicht mehr zu erkennen.

Zusammenfassung

Berti beobachtet einen Vater, der mit seiner Tochter und seinem Sohn im Garten einen Schneemann baut. Als die drei zum Mittagessen ins Haus gehen, setzt Berti so viele kleine Steinchen unter die Nase des Schneemanns, bis dieser einen lachenden Mund hat. Als die Kinder wieder in den Garten kommen, wundern sie sich: Wer hat ihnen nur geholfen?

Papprollen-Schneemann

Material pro Kind:
- leere Toilettenpapierrolle
- weiße und schwarze Plakatfarbe
- schwarzes und orangefarbenes Tonpapier
- schwarzer Filzstift
- Pinsel
- Schere
- Klebstoff

So wird's gemacht:
- Jedes Kind bemalt zunächst seine Toilettenpapierrolle komplett weiß, dann werden ca. 2 cm an einem Ende schwarz bemalt.
- Eine Öffnung der Papprolle wird nun auf das schwarze Tonpapier gestellt und umfahren. Zeichnen Sie mit ca. 1 cm Abstand um diese Linie herum noch einen größeren Kreis und lassen Sie die Kinder diesen ausschneiden.
- Nun wird in den kleineren Kreis ein weiterer Kreis mit etwa 1 cm weniger Durchmesser mittig eingezeichnet und ausgeschnitten.
- Schneiden Sie nun das Tonpapier im Kreisinneren mehrmals ca. 0,5 cm lang bis zur nächsten Kreislinie ein, bis die Öffnung groß genug ist, um sie vom schwarzen Ende her über die Papprolle zu stülpen. So entsteht der Hut des Schneemanns.
- Die Kinder ziehen die Hutkrempe bis ans Ende des schwarzen Randes und kleben sie vorsichtig fest.
- Zum Schluss malen die Kinder dem Schneemann mit schwarzem Filzstift Augen und Mund, schneiden ein dreieckiges Stück orangefarbenes Tonpapier aus und kleben dieses auf – die Nase ist fertig.

9. Dezember

Bei Familie Özgur

Als Berti sich heute nach seiner Landung auf der Erde umsieht, wundert er sich gewaltig: Das Zimmer, in dem er gelandet ist, ist sehr gemütlich. Aber nichts erinnert hier an Weihnachten. Es gibt keine Sterne, er riecht keine Plätzchen und sieht keine Weihnachtsmänner. Berti sitzt auf einem bunten Kissen, das auf einem Sofa liegt, und betrachtet die vielen Fotos im Regal. Plötzlich hört er Schritte. Schnell fliegt er unter das Sofa. Wer da wohl kommt? Die Schritte kommen näher und näher. Da entdeckt Berti ein Paar rote Pantoffeln und ein Paar Kinderhausschuhe. Jetzt setzt sich jemand auf das Sofa über ihm. Kurz darauf hört er Stimmen in einer Sprache, die anders klingt, als er es bisher erlebt hat.

„Überall wird Weihnachten gefeiert", hört Berti nun die Stimme eines Mädchens. „Warum feiern wir nicht auch Weihnachten, Mama?"

„Weil wir andere Feste feiern, Aylin", hört Berti die liebevolle Stimme einer Frau. „Das habe ich dir doch schon erklärt. Wir sind Muslime und keine Christen. Deshalb feiern wir das Zuckerfest."

Wer hat schon mal etwas von dem Zuckerfest gehört?

„Darauf freue ich mich schon jetzt", sagt Aylin nun fröhlich. „Dann feiern wir wieder drei Tage hintereinander und essen ganz viele Süßigkeiten."

„Und an diesen Tagen beneiden dich die Kinder, die du an Weihnachten beneidest", meint die Mutter. Beide lachen laut, als plötzlich das Telefon klingelt.

„Das wird Onkel Akin sein", sagt die Mutter. „Ich bin gleich wieder da, Aylin."

Über Berti bewegt sich das Sofa wieder. Er sieht, wie sich die roten Pantoffeln eilig entfernen. Zu gern möchte Berti wissen, wie das kleine Mädchen aussieht. Er schwebt unter dem Sofa hervor nach oben, zwinkert Aylin zu und setzt sich neben sie.

„Wer bist du denn?", fragt Aylin verblüfft und reibt sich die Augen.

„Ich bin ein Engel und heiße Berti", antwortet Berti, als sei es das Normalste auf der Welt. „Und ich wohne im Himmel."

„Du bist ja noch viel schöner als die Engel, die im Kindergarten an den Fensterscheiben kleben", stellt Aylin erstaunt fest. Dabei sieht sie Berti mit ihren schwarzen Augen an. Ihre langen dunklen Haare fallen offen über das rosa Kleid.

Berti fühlt sich von Aylins Worten geschmeichelt und schaut verlegen auf seine Finger. „Erzählst du mir etwas von eurem Zuckerfest?", fragt er schließlich.

„Die Erwachsenen essen und trinken einen Monat lang tagsüber nichts. Das nennt man fasten", sagt das Mädchen. „Und wenn der Fastenmonat Ramadan vorbei ist, feiern wir mit allen Verwandten und Freunden. Dann essen und tanzen und lachen wir zusammen."

„Ich würde gerne mit euch feiern", sagt Berti und zieht seine Beinchen an den Oberkörper.

„Dann kommst du auch zum Zuckerfest?" Das Mädchen strahlt.

„Wenn du deine Augen und Ohren offenhältst, wirst du während des Fests bestimmt einem Engel begegnen", antwortet Berti.

Da ertönen wieder Schritte von Aylins Mama auf dem Flur. Berti breitet seine Flügel aus und hebt ab. „Auf Wiedersehen, kleine Aylin", sagt er und winkt zum Abschied.

Aylin kichert, als sie Bertis Worte hört. Denn Berti ist noch viel kleiner als sie selbst. Er schwebt durch die Fensterscheibe, während Aylin „Auf Wiedersehen, kleiner Berti!" flüstert. „Bis bald!"

Zusammenfassung

Berti landet in einem Zimmer, das gar nicht weihnachtlich geschmückt ist. Unter einem Sofa belauscht er ein Gespräch zwischen einer türkischen Mutter und ihrer Tochter. Die Mutter erklärt ihrer Tochter Aylin, dass sie Muslime sind und sie deshalb in ihrer Familie nicht Weihnachten feiern. Stattdessen feiern sie andere Feste. Als die Mutter zum Telefon geht, zeigt sich Berti dem Mädchen. Aylin erzählt Berti vom muslimischen Fastenmonat Ramadan und vom Zuckerfest, das zum Abschluss des Fastens mit Verwandten und Freunden gefeiert wird.

Engel aus Handabdrücken

Material pro Kind:
- Blatt Papier (DIN A4)
- Fingerfarben
- Pinsel
- Wasser und Handtuch
- Buntstifte

So wird's gemacht:
- Erklären Sie den Kindern, dass sie zwischen den einzelnen Drucken ihre Hände waschen und abtrocknen sollen.
- Zuerst wird die rechte Handfläche mit Fingerfarbe bemalt und mit gespreizten Fingern auf das Papier gepresst, sodass sich später der Daumenabdruck „innen", d. h. am Engelskörper befindet: der erste Flügel.
- Nun wird die linke Handfläche mit derselben Fingerfarbe bemalt und mit etwas Abstand neben den ersten Abdruck auf das Papier gesetzt: der zweite Flügel.
- Zum Schluss bemalen die Kinder eine beliebige Hand ohne Daumen mit einer anderen Farbe und drucken mit geschlossenen Fingern zwischen die beiden Flügel den Engelskörper.
- Den Engel trocknen lassen.
- Das Blatt wird um 180 Grad gedreht und dann können die Kinder mit Buntstiften noch einen Kopf mit Gesicht dazumalen.

Tipp:
Wenn zwei Kinder zusammenarbeiten, können sie sich gegenseitig die Hände bemalen.

10. Dezember

Frieden auf Erden

Heute landet Berti wieder mitten in einer großen Stadt. Er lehnt an einer Steinmauer neben einer hohen Tür. Aber wo ist er genau? Gespannt dreht er sich um und betrachtet das Gebäude hinter sich. Es ist riesengroß, sieht sehr alt aus und hat bunte Fenster und einen Turm mit einem Kreuz. Das muss eine Kirche sein! In diesem Moment hört Berti Glocken läuten.

„Wie wunderschön die Glocken klingen", freut sich Berti. Und er scheint nicht der einzige zu sein, dem das Läuten gefällt.

Männer, Frauen und Kinder kommen und steigen die Treppenstufen zum Eingang der Kirche hinauf. Dabei hetzen sie nicht aneinander vorbei wie in der Einkaufsstraße. Sie gehen langsam und halten sich gegenseitig höflich die Tür auf.

Berti drückt sich noch dichter an die Mauer neben dem Eingang, damit er nicht entdeckt wird. Er will die Menschen ungestört beobachten.

Wart ihr schon einmal in einer Kirche? Wie sieht es im Inneren aus?

Nach und nach verstummt das Glockenläuten und Orgelmusik ertönt in der Kirche. Berti breitet seine Flügel aus und fliegt zu einem der großen Fenster, um von dort in die Kirche hineinzublicken. Er schaut durch das bunte Glas und sieht die Menschen in den Kirchenbänken stehen. Sie singen ein Lied vom Frieden auf Erden. An den Wänden hängen Bilder und Figuren. Einige der Figuren haben Flügel.

„Ob sich die Menschen Engel so vorstellen?", überlegt Berti und kichert ein bisschen, als er einen dicken nackten Engel mit roten Pausbacken und großen Locken entdeckt.

Als das Lied zu Ende ist, legen die Kirchenbesucher ihre Gesangsbücher zur Seite und setzen sich. Andächtig lauschen sie den Worten eines Mannes, der ein langes Gewand trägt.

In einer der hinteren Reihen bemerkt Berti einen Jungen und ein Mädchen, die miteinander tuscheln. Plötzlich reißt der Junge dem Mädchen die Mütze vom Kopf. Das Mädchen sieht ihn wütend an. Dann stößt sie den Jungen mit dem Ellbogen in die Seite. Einige Leute drehen sich bereits nach den beiden um. Die Mutter, die neben dem Mädchen sitzt, legt einen Finger auf ihre Lippen und versucht, die Geschwister zu beruhigen.

Berti wundert sich: Eben noch haben die Menschen vom Frieden gesungen. Und jetzt streiten sich zwei Kinder! Das kann doch nicht in Ordnung sein! Er schaut die beiden fest an und leuchtet einen Moment hell auf. Das Mädchen blickt nach oben. Als sie Berti entdeckt, greift sie mit einer Hand nach ihrem Bruder. Mit der anderen Hand zeigt sie auf Berti. Jetzt starren beide zum Fenster. Berti winkt ihnen zu. Die beiden lächeln und winken zurück. Ihr Streit ist längst vergessen!

Erneut ertönt Orgelmusik und die Kirchenbesucher singen ein Weihnachtslied. Dann beginnen auch die Glocken wieder zu läuten. Erst ganz leise und dann immer lauter.

Berti winkt den Geschwistern zum Abschied zu. Sie stehen immer noch Hand in Hand da und schauen ihn mit offenen Mündern an.

„Wie friedlich sie jetzt aussehen", denkt Berti. Er breitet seine Flügel aus und steigt zufrieden hinauf in den Himmel. Ein wenig ist ihm, als ob er zum Läuten der Glocken tanzen würde. So leicht fühlt er sich.

Zusammenfassung

Berti landet vor einer Kirche, in die gerade viele Menschen hineingehen. Er fliegt zu einem Kirchenfenster hinauf und beobachtet von dort, wie sich im Inneren der Kirche zwei Geschwister streiten. Er leuchtet auf, um von ihnen bemerkt zu werden. Als die Kinder Berti sehen, vergessen sie sofort ihren Streit und sind friedlich.

Auf der Suche nach Engeln

Material:
- Fotoapparat

So wird's gemacht:
- Schlagen Sie den Kindern vor, sich in ihrer Umgebung ganz gezielt auf die Suche nach Engeln zu machen.
- Gerade in der Vorweihnachtszeit kann man an verschiedensten Stellen in der Öffentlichkeit Engel entdecken, z. B. in Schaufenstern, auf Plakaten, als Straßendekoration: Wie sehen die Engel aus? Was machen sie?
- Gehen Sie mit den Kindern in eine Kirche oder in ein Museum, wo Sie vorab erkundet haben, dass Engel zu sehen sind. Bilden Sie mit den Kindern zunächst einen Kreis um ein Engel-Kunstwerk herum und lassen Sie sie es still betrachten.
- Anhand folgender Fragen können Sie das Kunstwerk genauer betrachten:
  - Wie sieht der Engel aus?
  - Was macht er?
  - Gefällt euch der Engel? Warum?
  - Was gefällt euch? Was nicht?
  - Woraus ist der Engel gemacht?
  - Ist das Kunstwerk alt oder neu?
- Machen Sie von dem Engel ein Foto (falls möglich und erlaubt), das Sie später im Kindergarten in Großformat aufhängen können.

Tipp:
Im Anschluss an den Besuch können die Kinder im Kindergarten den Engel mit beliebigen Farben malen. Dafür sollten sich die Kinder den Engel noch ein letztes Mal gut anschauen.

11. Dezember

Im Wald

„Ich habe Hunger", hört Berti, der sich hinter einer Tanne verbirgt, ein kleines Reh sagen.

„Mir knurrt auch der Magen", antwortet ein größeres Reh und lässt den Kopf hängen.

Berti sieht den beiden Tieren im Wald schon eine Weile zu. Sie stehen an einer leeren Futterkrippe dicht beisammen, um sich zu wärmen.

Was ist eine Futterkrippe? Wofür ist sie gut? Wo finden wir sie?

Über Nacht ist es sehr kalt geworden. Eiszapfen hängen an den Ästen der Bäume und der kleine Bach ist zugefroren.

„Wenn wir nicht bald was zu fressen kriegen, werden wir elend verhungern", klagt das kleinere Reh und scharrt mit den Hufen im Schnee.

„Der Förster hat uns noch nie vergessen", tröstet das größere Reh. Dabei schaut es mit seinen großen braunen Augen erwartungsvoll zum Waldweg. „Er wird sicher bald kommen."

Berti will mehr über die hübschen Tiere und den Förster erfahren. Er breitet die Flügel aus, fliegt zu ihnen und setzt sich auf das Dach der Futterkrippe.

„Bist du … bist du so etwas wie eine Eule?", fragt ihn das größere Reh verwundert. „Weiße Federn hast du ja! Aber irgendwie sehen Eulen trotzdem anders aus."

„Ich bin ein Engel", erklärt Berti und überlegt, ob die hübschen Rehe vielleicht nicht ganz so schlaue Tiere sind.

„Ah", sagt das kleinere Reh.

„Oh", meint das größere Reh.

„Furchtbar kalt heute", sagt das kleinere Reh nun. „Frierst du nicht?"

„Engel frieren nicht", antwortet Berti. Dabei schaut er die Rehe mitleidig an.

„Habt ihr es gut", antwortet das größere Reh. „Wir haben zwar ein warmes Winterfell, aber wenn wir hungrig sind, frieren wir trotzdem."

In dem Moment ertönt ein Pfeifen. Ein kleiner, dicker Mann mit einem grünen Hut kommt den Weg herauf. Er schnaubt und prustet heftig. Auf seinem Rücken schleppt er einen großen Sack. Neben ihm läuft ein grauer Dackel. Als die Rehe den Hund entdecken, springen sie zur Seite und verstecken sich hinter einem Holzstapel. Berti fliegt ihnen hinterher.

Schwungvoll nimmt der Förster den Sack vom Rücken und öffnet ihn.

„Die Kinder haben im Herbst wieder viele feine Sachen gesammelt", sagt der Förster zu seinem Hund, der neben ihm mit dem Schwanz wedelt. „Das findest du doch auch, Fiffi?"

„Wuff", bellt Fiffi.

„Die Tiere im Wald werden sich über das leckere Futter freuen", erzählt der Förster weiter und schüttet Kastanien und Eicheln in die Futterkrippe. „Wenn die Kinder nicht so fleißig gewesen wären, müssten die Rehe jetzt hungern."

Habt ihr auch schon einmal Futter für Tiere gesammelt? Was fressen Waldtiere?

Die beiden Rehe scharren ungeduldig mit den Hufen. Am liebsten würden sie sofort zur Futterstelle laufen. Aber da sie sehr scheue Tiere sind, warten sie, bis der Förster den Sack zusammengefaltet hat und mit seinem Hund weiterzieht. Dann gehen sie vorsichtig zu den Leckereien. Sie stecken die Köpfe in die Futterkrippe und fressen sich satt. Währenddessen sitzt Berti am Rand der Futterkrippe, schaut den beiden zu und freut sich mit ihnen.
„Auf Wiedersehen", grüßt er zum Abschied.
„Auf Wiedersehen", antworten die Rehe und blinzeln ihn mit ihren braunen Augen an.
Dann schwebt Berti langsam davon. Er will den Engeln im Himmel berichten, dass auf der Erde im kalten Winter auch die Tiere nicht vergessen werden.

Zusammenfassung
Berti ist im Wald und entdeckt von einem Baum aus zwei hungrige Rehe an einer Futterkrippe. Bald kommt der Förster mit seinem Hund und füllt die Futterkrippe mit Kastanien und Eicheln. Dabei erzählt er seinem Hund, dass die Kinder im Herbst für die Waldtiere fleißig Futter gesammelt haben. Das bekommen die Tiere jetzt zu fressen, weil es so kalt ist, dass sie selbst kein Futter mehr finden können.

Ruhig werden

Material:
- ruhige Musik von einer CD

So wird's gemacht:
- Erklären Sie den Kindern, dass sie während der folgenden Übung nicht sprechen sollen.
- Die Kinder setzen sich zunächst auf den Boden und schließen ihre Augen.
- Schalten Sie die Musik ein, die die Kinder zunächst eine Weile auf sich wirken lassen.
- Fordern Sie die Kinder nun auf, langsam aufzustehen und sich wie ein Engel, langsam und ruhig, zu bewegen. Dabei können die Kinder durch das Zimmer „schweben".

Variante:
Statt Musik von einer CD zu verwenden, können Sie gemeinsam mit den Kindern die erste Strophe des bekannten Weihnachtslieds „Leise rieselt der Schnee" singen. Von Wiederholung zu Wiederholung werden die Kinder dabei immer leiser.

*Leise rieselt der Schnee,
still und starr ruht der See.
Weihnachtlich glänzet der Wald:
Freue dich, 's Christkind kommt bald.*

12. Dezember

Ein himmlischer Duft

Heute landet Berti zwischen zwei Marmeladegläsern auf einem Regal.

„Hier duftet es ja himmlisch. Was ist das?", fragt er sich und blickt neugierig nach unten in eine große Küche. Dort sind viele Kinder, die an Tischen stehen und backen. Dabei reden, lachen und singen sie. Die Kinder schlagen Eier auf, kneten Teig oder rühren in großen Schüsseln. Berti beobachtet einen Mann mit einer Schürze, der gerade ein Blech aus dem Backofen zieht, auf dem goldbraun gebackene Plätzchen liegen. Dabei summt er gut gelaunt „Lasst uns froh und munter sein …".

Etwas abseits steht ein Mädchen mit langen Zöpfen allein an einem kleinen Tisch und sticht kleine Sterne, Wolken und Herzen aus einem ausgerollten Teig.

Berti überlegt nicht lange. Er fliegt zu dem Mädchen und schwebt vor ihrem Gesicht hin und her. Das Mädchen zuckt zusammen und lässt ein Förmchen aus der Hand fallen.

„Entschuldigung, ich wollte dich nicht erschrecken", sagt Berti. Verlegen setzt er sich auf den Rand einer Schüssel und lässt die Beine baumeln.

„Bist du … bist du ein Engel?", flüstert das kleine Mädchen, während es wie gebannt in Bertis sternenklare Augen schaut.

„Erraten!", antwortet Berti und schlägt die Beine übereinander. „Ich komme direkt vom Himmel. Aber wo bin ich hier eigentlich?"

„Du bist in einem Kinderheim", erklärt das Mädchen.

„In einem Kinderheim?", fragt Berti erstaunt. „Was ist das?"

„Hier wohnen Kinder, die keine Eltern mehr haben", antwortet das Mädchen. Dabei streicht es eine Strähne aus seinem Gesicht, die sich aus seinem Zopf gelöst hat. „Oder die Kinder haben noch Eltern, aber die Eltern haben keine Zeit für ihre Kinder."

„Soso. Das hört sich verzwickt an", meint Berti. Nachdenklich kratzt er sich an der Stirn. „Wohnst du denn gerne hier?"

„Manchmal schon." Das Mädchen wischt sich etwas Mehl von den Händen. „Vor Weihnachten machen wir immer ganz tolle Sachen, so wie heute."

Was macht ihr am liebsten vor Weihnachten?

„Bekommt ihr auch Geschenke zu Weihnachten?", fragt Berti neugierig.

„Klar", antwortet das kleine Mädchen mit leuchtenden Augen. „Ich wünsche mir eine Puppe, die sprechen kann."

„Das ist ein schöner Wunsch", sagt Berti.

„Aber mein größter Wunsch geht gerade in Erfüllung", fügt das Mädchen schnell hinzu.

„Was ist denn dein größter Wunsch?", fragt Berti neugierig.

„Einmal einen Engel zu sehen", sagt das Mädchen. „So einen schönen Engel wie dich!"

„Manche Wünsche gehen schneller in Erfüllung, als man glaubt", sagt Berti und springt vom Rand der Schüssel auf den Tisch.

„Bist du mein Schutzengel?", fragt das kleine Mädchen. „Passt du immer auf mich auf?"

„Das werde ich", verspricht Berti feierlich. Dabei funkelt er golden.

Vor Freude hüpft das Mädchen in die Luft. „Und ich werde immer an dich denken!"

Berti breitet seine Flügel aus und hebt ab. Als er nach oben schwebt, sieht er, dass das Mädchen gerade einen Engel aus Teig formt, der ein wenig so aussieht wie er selbst. Berti schmunzelt, als er langsam durch die Decke verschwindet und in den Himmel zurückkehrt.

Zusammenfassung

In einem Kinderheim beobachtet Berti ein Mädchen, das aus einem Teig Plätzchen sticht. Er fliegt zu ihr und spricht mit ihr. Das Mädchen erzählt Berti, dass es sich zu Weihnachten eine sprechende Puppe wünscht. Aber ihr größter Wunsch, einmal einem echten Engel zu begegnen, sei gerade in Erfüllung gegangen.

Rezept: Engelsaugen

Zutaten für ca. 75 Plätzchen:
- 300 g Mehl
- Schale einer unbehandelten Zitrone
- 100 g Zucker
- 1 Prise Salz
- 1 Ei
- 200 g kalte Butter
- 200 g rote Marmelade (z. B. Himbeer, Johannisbeer)
- Puderzucker zum Bestäuben

So wird's gemacht:
- Mehl und Zitronenschale in einer Schüssel vermischen und in die Mitte eine Mulde drücken.
- Zucker, Salz und Ei in die Mulde geben. Die Butter in kleinen Stücken rundherum auf das Mehl verteilen.
- Die Zutaten mit den Knethaken eines Rührgeräts vermischen und schließlich mit den Händen zu einem gleichmäßigen Teig verkneten.
- Den Teig zu einer Kugel formen, in ein Stück Klarsichtfolie wickeln und eine Stunde lang kühl stellen.
- Den Backofen auf 175 Grad (Umluft 160 Grad) vorheizen. Ein Backblech mit Backpapier auslegen.
- Den gekühlten Teig mit den Händen zu kleinen, kirschkerngroßen Kugeln rollen. Die Kugeln mit ausreichend Abstand auf das Blech setzen.
- Mit einem Kochlöffelstiel in jede Kugel eine tiefe Delle drücken. Damit der Teig nicht festklebt, den Stiel immer wieder in Mehl eintauchen.
- Die Marmelade in einen dünnen Plastikbeutel geben, ein kleines Stück einer Ecke abschneiden und durch dieses Loch die Vertiefungen in den Teigkugeln mit Marmelade füllen.
- Die Kugeln auf der mittleren Schiene im Ofen etwa zehn Minuten lang backen.
- Den Puderzucker in ein kleines Sieb geben und die Engelsaugen nach dem Abkühlen damit bestäuben.

13. Dezember

Weihnachten unter Palmen

„Das sieht lustig aus", sagt Berti zu einem Mann, der an einem Schreibtisch sitzt und schwarze Kringel auf eine Karte malt. „Machst du Buchstaben?"

Der Mann schaut Berti verwirrt an. „Was ... was machst du denn da?", fragt er zurück und zwinkert heftig mit den Augen.

Berti, der auf einer Schreibtischlampe sitzt, zuckt mit den Schultern. „Ach, nichts Besonderes", antwortet er. „Ich komme vom Himmel, um zu lernen, wie Menschen Weihnachten feiern. Und heute bin ich bei dir gelandet."

„Also gut! Wenn das so ist, will ich dir erklären, was ich mache", antwortet der Mann. Dabei schließt er seinen Stift. „Ich schreibe eine Weihnachtskarte. Meine Tochter Emma arbeitet nämlich weit weg in einem anderen Land. Deshalb kann sie Weihnachten leider nicht zu Hause feiern."

Kennt ihr auch jemanden, der Weihnachten weit weg von zu Hause feiert?

„Oh, das ist aber sehr schade", sagt Berti mitfühlend. „Was macht Emma denn dann an Heiligabend?"

„Vielleicht sitzt sie auf einer Veranda, trinkt kalte Limonade mit Eiswürfeln und stellt sich einen Tannenbaum mit bunten Kugeln und Lametta vor", sagt der Mann und lächelt.

„Gibt es denn dort, wo sie ist, keine Tannenbäume?", fragt Berti. Er schwebt von der Lampe herab, um sich auf den Schreibtisch neben die Karte zu setzen.

„Nein, ganz bestimmt nicht." Der Mann schmunzelt. „Vielleicht hängt sie ein paar bunte Kugeln an eine Palme. Aber Tannen wachsen dort, wo sie ist, nicht."

„Und Schnee gibt es dort auch nicht?", fragt Berti neugierig weiter.

„Bei Emma ist es jetzt sehr heiß", erklärt der Mann geduldig. „Da gibt es weder Schnee noch Eis."

In welchen Ländern ist es an Weihnachten heiß?

„Dann ist sie sehr, sehr weit weg", stellt Berti fest und steht auf, um besser sehen zu können, was der Mann auf die Karte geschrieben hat. „Was heißt das?", fragt er und tippt auf einige Buchstaben.

„Friede den Menschen auf der ganzen Welt", antwortet der Mann. Dann klappt er die Weihnachtskarte zusammen. Vorne auf der Karte sind eine Winterlandschaft, eine Krippe und ein großer Schweifstern abgebildet.

„Wie schön!" Berti fährt vorsichtig mit dem Finger über das bunte Bild. „Darüber wird sich deine Tochter bestimmt sehr freuen."

„Das glaube ich auch", sagt der Mann. Er greift wieder zu seinem Stift. „Jetzt muss ich aber weiterschreiben. Es dauert viele Tage, bis ein Brief auf der anderen Seite der Welt ankommt. Und Emma soll ihn doch am 24. Dezember in der Post haben, damit sie sich an Heiligabend nicht einsam fühlt."

„Das ist wirklich ein schöner Brauch", murmelt Berti, breitet seine Flügel aus und hebt ab. „Auch wenn sich die Menschen nicht sehen können, finden sie einen Weg, um sich nahe zu sein."

„Wenn du möchtest, schreibe ich dir nächstes Jahr auch eine Karte", ruft ihm der Mann freundlich nach. „Gibst du mir deine Adresse?"

Aber Berti antwortet nicht mehr, denn er ist bereits durch das Fenster nach draußen verschwunden.

Zusammenfassung

Berti begegnet einem Mann, der eine Weihnachtskarte an seine Tochter schreibt. Seine Tochter Emma lebt weit weg in einem Land, in dem es sehr heiß ist und wo es weder Schnee noch Tannenbäume gibt. Da sie Weihnachten nicht zu Hause feiern kann, schreibt ihr Vater ihr eine Karte, um ihr an Heiligabend eine Freude zu bereiten und ihr zu zeigen, dass er an sie denkt.

Stempel-Weihnachtskarten

Material pro Kind:
- farbiges Tonpapier (DIN A5)
- Bleistift mit einem Radiergummi am Ende
- weihnachtliche Ausstechform, z. B. Stern, Glocke, Tannenbaum
- Wasserfarben
- Pinsel
- Becher mit Wasser

So wird's gemacht:
- Zunächst wird das Tonpapier an der langen Seite einmal in der Mitte gefaltet, sodass man eine aufklappbare Karte erhält.
- Jedes Kind legt eine Ausstechform mit einem weihnachtlichen Motiv auf die Kartenvorderseite und zeichnet den Umriss mit Bleistift nach.
- Die gewünschte Wasserfarbe wird mit dem Pinsel und Wasser angerührt.
- Die Kinder tauchen nun das Radiergummiende ihres Bleistifts in die Wasserfarbe und stempeln das Motiv aus.

Tipp:
Die Kinder können nach Belieben dasselbe Motiv mehrmals oder verschiedene Motive auf eine Karte stempeln.

14. Dezember

Auf dem Weihnachtsmarkt

Berti sitzt im Holzregal eines Standes mit Weihnachtsschmuck auf einem hellen Stern und baumelt mit den Beinen. Neben ihm stehen große und kleine Engel, aus Holz und aus Glas, bunt und einfarbig.

„Heute brauche ich mich gar nicht zu verstecken!" Berti kichert leise. „Zwischen den Engeln falle ich überhaupt nicht auf." Um ihn herum duftet es süß nach Lebkuchen, Waffeln und Mandeln. Berti beobachtet, wie ein Verkäufer einem Mann, der einen Glasengel in der Hand hat, Geld zurückgibt.

Was hat der Mann gerade gemacht?

Auf einmal steht ein Junge mit seiner Mutter vor dem Stand und betrachtet die Engel. Er trägt einen bunten Schal und eine dicke Mütze, unter der braune Locken hervorschauen. Jetzt zeigt er mit dem Finger direkt auf Berti. Dabei ruft er laut: „Mama! Den Engel will ich haben."

„Er ist wirklich wunderschön", antwortet die Mutter und wechselt einige Worte mit dem Mann am Stand. Doch als dieser zum Regal geht, fliegt Berti schnell davon. Der Verkäufer reißt die Augen auf, als er ins Leere greift, und starrt Berti sprachlos hinterher.

„Er fliegt weg! Er fliegt weg!", ruft der Junge verzweifelt. Er fängt an zu weinen und stampft mit dem Fuß auf. „Ich will aber genau den haben!"

Doch Berti schwebt davon, ohne auf den schreienden Jungen zu achten. Er fliegt über die Köpfe der Menschen hinweg, die sich durch die engen Gassen drängen oder an Ständen stehenbleiben, um sich die Waren anzuschauen.

Auch Berti will wissen, was es alles zu kaufen gibt. Er späht zwischen einigen Frauen hindurch, die sich an einem Stand mit bunten Perlenketten und silbernen Ohrringen drängeln. Dann fliegt er weiter zu einem Waffelstand, wo es herrlich nach Vanille duftet, und von dort weiter zu einer Hütte, die nach Anis- und Lakritzbonbons riecht.

Schließlich entdeckt er in der Mitte des Marktes einen großen Weihnachtsbaum, der über und über mit Kugeln, Lichtern und bunten Schleifen geschmückt ist.

Wo sind im Dezember überall Weihnachtsbäume aufgestellt? Wo habt ihr welche gesehen?

Dort oben auf dem Weihnachtsbaum will sich Berti einen Moment niederlassen, um das emsige Treiben zu beobachten. Er setzt sich auf einen Ast und schaut nach unten. Da ist ja der Junge mit dem bunten Schal und der Mütze wieder! Der Junge geht mit großen Augen auf den Weihnachtsbaum zu. Plötzlich bleibt er ruckartig stehen.

„Schau mal", sagt er zu seiner Mutter und zeigt wieder mit dem Finger auf Berti. „Da oben ist der Engel, der vorhin weggeflogen ist. Kaufst du ihn mir jetzt?"

Die Mutter sieht den Jungen hilflos an. „Ich kann dir den Engel nicht kaufen", antwortet sie. „Wie sollen wir ihn denn vom Baum holen? Und einen Verkäufer sehe ich auch nirgends."

Nun fängt der Junge wieder laut an zu heulen. Dabei wird er vor Wut ganz rot im Gesicht und ballt die Hände zu Fäusten. „Ich will den Engel haben!", ruft er laut. „Ich will den Engel haben!"

Berti beobachtet den Jungen und überlegt einen Moment. Dann breitet er seine Flügel aus. Langsam schwebt er zu dem Jungen und setzt sich auf seine Schulter.

„Ich will allen Kindern Freude bereiten", flüstert Berti dem Jungen ins Ohr. „Deshalb kann ich nicht bei dir bleiben. Verstehst du das?"

Der Junge stutzt und überlegt einen Moment. Er wischt sich die Tränen aus den Augen und schaut Berti an, der hell aufleuchtet. Dann nickt er und sagt: „Ich glaube schon."

Berti schwebt wieder in die Höhe und winkt dem Jungen noch einmal zu. Der Junge lächelt zurück. Dann fliegt Berti weiter hinauf und verschwindet im Himmel.

Zusammenfassung

Berti ist auf einem Weihnachtsmarkt angekommen. Er sitzt zwischen vielen Engeln, die zum Verkauf angeboten werden. Ein kleiner Junge will ausgerechnet Berti haben. Aber Berti fliegt dem Verkäufer davon und setzt sich auf einen großen Weihnachtsbaum. Als der Junge mit seiner Mutter zum Weihnachtsbaum geht, entdeckt er Berti ein zweites Mal. Berti sagt dem Jungen, dass er ihn nicht mitnehmen kann, weil er allen Kindern eine Freude bereiten will.

Duftorange

Material pro Kind:
- Orange
- Geschenkband
- Schere
- Gewürznelken

So wird's gemacht:
- Helfen Sie den Kindern dabei, die Orange mit einem Geschenkband zu umwickeln, damit sie sie später aufhängen können.
- Die Orange vor sich auf den Tisch stellen, das Geschenkband von oben nach unten mittig um die Orange führen, an der Unterseite kreuzen und um 90 Grad versetzt wieder nach oben führen. Dort werden die beiden Enden verknotet.
- Die Kinder stecken die Gewürznelken in die Schale der Orange, entweder beliebig oder so, dass dabei ein Muster entsteht.
- Im Zimmer aufgehängt, verbreitet die Orange einen weihnachtlichen Duft.

Variante:
Statt einer Orange kann man auch eine Mandarine verwenden.

15. Dezember

Der Sternschnuppenwunsch

Als Berti heute auf der Erde landet, ist es bereits dunkel. Er liegt rücklings im Schnee und schaut in den dunklen Himmel, der mit funkelnden Sternen übersät ist. Berti rappelt sich auf, schüttelt etwas Schnee von seinem Hemd und sieht sich um. An einem Waldrand steht ein Haus. Nur aus einem der Fenster scheint Licht. Berti breitet seine Flügel aus und fliegt los.

Als er näherkommt, entdeckt er am Fenster ein Mädchen, das ein Nachthemd trägt und in die Nacht hinausschaut. Dabei drückt es seine Nase an der Scheibe platt. Berti fliegt – schwups – durch die Wand in das Zimmer hinein. Aber das Mädchen bemerkt den kleinen Engel gar nicht, sondern starrt weiterhin zum sternenbedeckten Himmel.

„Suchst du etwas?", fragt Berti und setzt sich auf die Fensterbank.

„Wo … wo kommst du denn her?", ruft das Mädchen anstelle einer Antwort. Es schaut Berti mit weit aufgerissenen Augen an. „Bist du ein neues Spielzeug meiner kleinen Schwester?" Bei den letzten Worten zieht es Berti an den Haaren.

„Lass das!" Berti schaut das Mädchen wütend an. „Ich bin ein Engel."

„Engel gibt es nicht", antwortet das Mädchen trotzig.

„Siehst du mich oder siehst du mich nicht?", fragt Berti weiter. Er ist aufgesprungen und schwebt jetzt direkt vor der Nase des Mädchens.

Das Mädchen kaut zweifelnd an seiner Unterlippe. „Ich sehe dich", gibt es schließlich zu.

„Hörst du mich oder hörst du mich nicht?", fragt Berti weiter.

„Ich höre dich", antwortet das Mädchen. Dabei klingt es gar nicht mehr so trotzig, sondern eher neugierig.

„Dann gibt es mich also", stellt Berti fest. „Was machst du denn hier mitten in der Nacht?"

„Ich warte auf eine Sternschnuppe", erklärt das Mädchen. „Wenn ein Stern vom Himmel fällt, darf ich mir nämlich etwas wünschen."

Habt ihr schon mal eine Sternschnuppe gesehen? Was habt ihr euch gewünscht?

„Das muss ein wichtiger Wunsch sein, wenn du nachts allein am Fenster sitzt, anstatt im warmen Bett zu liegen." Berti schaut das Mädchen aufmerksam an.

„Es ist ein sehr wichtiger Wunsch", wiederholt das Mädchen überzeugt.

„Lass mich raten", fährt Berti fort. „Du wünschst dir ein Puppenhaus?"

„Ich habe schon zwei Puppenhäuser", antwortet das Mädchen mit tränenerstickter Stimme. „Ich wünsche mir, dass mein Papa an Heiligabend zu Hause ist. Letztes Jahr musste Papa arbeiten. Und wenn er an den Feiertagen nicht bei uns ist, ist es kein richtiges Weihnachten."

Waren dein Papa oder deine Mama bei einem wichtigen Ereignis (z. B. Weihnachten oder Geburtstag) auch schon mal nicht dabei? Warum? Was war das für ein Gefühl?

„Das verstehe ich." Berti nickt.

„Jetzt warte ich hier schon so lange, aber ich habe noch keine einzige Sternschnuppe gesehen", sagt das Mädchen traurig und dreht sich um. „Ich gehe ins Bett."

Da schaut Berti hinaus in die Nacht. Er blickt kurz zu den Sternen und zwinkert einige Male mit seinen hellen Augen.

„Sieh dir doch den Himmel noch ein letztes Mal an", fordert Berti das Mädchen auf.

Das Mädchen dreht sich wieder zum Fenster und blickt hinaus. Plötzlich leuchtet eine Sternschnuppe auf und fliegt in einem großen Bogen durch die Nacht. Das Mädchen starrt wie gebannt und murmelt etwas vor sich hin. Berti lächelt es an und ist sich ganz sicher, dass der Wunsch des Mädchens in Erfüllung gehen wird.

Unbemerkt fliegt er durch die Wand wieder hinaus. Draußen blickt er noch einmal kurz zufrieden zurück, bevor er wieder in den Himmel fliegt.

Zusammenfassung

Berti begegnet einem Mädchen, das nachts an einem Fenster sitzt und in den Sternenhimmel schaut. Es wartet auf eine Sternschnuppe, weil es einen wichtigen Wunsch hat: Sein Papa soll an Weihnachten zu Hause sein und nicht arbeiten müssen. Aber bislang hat das Mädchen noch keine Sternschnuppe entdeckt. Als Berti mit seinen Augen zwinkert, leuchtet plötzlich eine Sternschnuppe am Nachthimmel auf. Das Mädchen starrt sie an und murmelt leise etwas vor sich hin. Berti ist sich sicher, dass der Wunsch des Mädchens in Erfüllung geht. Zufrieden fliegt er in den Himmel zurück.

Sterngucker

Material pro Kind:
- leere Toilettenpapierrolle
- zwei Stücke Klarsichtfolie (ca. 10 x 10 cm)
- verschieden große Dekosterne
- selbstklebende Folie
- Klebstoff
- Bleistift
- Schere

So wird's gemacht:
- Die Kinder bestreichen die Toilettenpapierrolle auf einer Randseite ca. 3 cm breit mit Klebstoff.
- Nun wird die Rolle hochkant auf die ausgebreitete Klarsichtfolie gestellt, sodass die Folie an der Rolle hochgezogen und gleichmäßig angedrückt werden kann.
- In die Rolle füllen die Kinder nun einige Dekosterne.
- Dann bestreichen sie die andere Randseite ebenfalls ca. 3 cm breit mit Klebstoff, legen ein Stück Klarsichtfolie glatt über die Öffnung, ziehen es gleichmäßig über den Rand und drücken es fest.
- Nun wird die selbstklebende Folie so zugeschnitten, dass sie die Breite der Toilettenpapierrolle hat und um die Rundung herumreicht.
- Die Kinder ziehen die Schutzfolie ab und kleben die Folie gleichmäßig und glatt um die Toilettenpapierrolle herum.

16. Dezember

Zusammen geht's leichter

Berti ist heute mitten in einem Kinderzimmer auf dem Rücken eines Rentiers aus Holz gelandet. Ein kleiner Junge sitzt an einem Basteltisch. Er hält eine Schere in der Hand und schneidet Streifen von einer Rolle Goldfolie ab. Dabei ist er so vertieft, dass er Berti gar nicht bemerkt.

„Was machst du da?", fragt Berti, nachdem er dem Jungen eine Weile zugeschaut hat.

Der Junge fährt zusammen und schaut im Raum umher. Als er Berti entdeckt, zwinkert er einige Male fest mit den Augen. Dann holt er tief Luft: „Was ich hier mache? Das könnte ich dich genauso gut fragen!"

„Ich bin ein Engel und besuche auf der Erde die Menschen, um zu sehen, wie sie Weihnachten feiern", erklärt Berti. „Sagst du mir jetzt, was du machst?"

„Ich bastle eine Kette", sagt der Junge und zeigt traurig auf die Streifen. „Aber es klappt nicht. Alles wird krumm und schief. Dabei will ich meiner Oma an Heiligabend doch einen schönen Schmuck für ihre Wohnung schenken."

Feiern eure Großeltern Weihnachten auch mit euch?

Berti fliegt zum Schreibtisch und landet neben einer Tube Klebstoff. „Vielleicht kann ich dir helfen."

„Du willst mir helfen?", fragt der Junge. „Wie denn? Du bist doch viel zu klein, um eine Schere zu halten."

Berti stülpt beleidigt seine Unterlippe nach vorn. „Schneiden musst du schon selbst. Aber vorher solltest du Linien zeichnen, damit du weißt, wie du schneiden musst."

„Gute Idee!", gibt der Junge zu. „Aber zeichnen kann ich genauso wenig wie schneiden."

„Ich gehe auf der Folie entlang, und du zeichnest einen Strich hinter mir her", schlägt Berti vor. „Dann hast du eine gerade Linie, an der du später entlangschneiden kannst."

„Super!", ruft der Junge begeistert.

Berti tippelt mit seinen nackten Füßen auf der Folie entlang, während der Junge mit einem Bleistift einen Strich hinter ihm herzieht. Der Strich wird wunderbar gerade. Dann schneidet der Junge einen Streifen von der Folie ab und schneidet diesen langen Streifen in kurze Stücke, die er schließlich zu Ringen rollt und zusammenklebt.

„Toll! Das wird eine richtig lange Kette, die meine Oma aufhängen kann", freut sich der Junge. Dabei strahlt er so, dass Berti seine Zahnlücke sieht.

„Du magst deine Oma sehr, oder?", fragt Berti.

„Ja, und sie kommt extra von ganz weit angereist, um mit uns zu feiern", erklärt der Junge und drückt den letzten Rest Klebstoff aus der Tube.

Bekommt ihr zu Weihnachten auch Besuch, der weit weg wohnt?

„Dann mag dich deine Oma auch sehr", stellt Berti fest.

„Klar!", antwortet der Junge. „Das weiß ich doch."

„Ich wünsche dir ein schönes Weihnachtsfest!" Berti breitet seine Flügel aus. „Du brauchst mich ja nicht mehr."

„Warte", ruft der Junge. Er nimmt einen Ring und legt ihn Berti vorsichtig um den Hals. „Ein kleiner Engel mit einer großen Weihnachtskette", sagt er und freut sich.

„Danke", antwortet Berti. Dann hebt er ab und schwebt durch das Fenster nach draußen.

Zusammenfassung

Berti schaut einem kleinen Jungen beim Basteln zu. Für eine Weihnachtskette, die er seiner Oma schenken will, schneidet er Streifen aus Bastelfolie zu, die jedoch nicht so gerade werden, wie er sich das vorstellt. Da hat Berti eine Idee: Er geht in einer Linie auf der Folie voran und der Junge zieht genau hinter ihm einen Strich. Anschließend kann er am Strich entlangschneiden und erhält so gerade Streifen, die er zu Ringen zusammenkleben kann. Zum Abschied legt der Junge Berti einen Ring aus Bastelfolie als Geschenk um den Hals.

Weihnachtskette

Material pro Kind:
- ca. 10 cm breiter Streifen Bastelfolie
- Schere
- Klebstoff

So wird's gemacht:
- Die Kinder schneiden von der Bastelfolie schmale Streifen von ca. 1 cm Breite ab.
- Jeder Streifen wird nun mit etwas Klebstoff zu einem Ring zusammengeklebt. Damit eine Kette entsteht, wird dabei jeder Streifen durch den vorherigen geführt.

Tipps:
- Damit die Streifen gerade werden, kann man vor dem Schneiden auf der Rückseite der Bastelfolie mit einem Bleistift und einem Lineal gerade Linien im Abstand von einem Zentimeter ziehen.
- Die Kette kann als Zimmerschmuck dienen oder den Weihnachtsbaum schmücken.

17. Dezember

Das Krippenspiel

Heute ist Berti in einem Haufen Stroh sehr weich gelandet. Er schaut geradewegs in die Augen eines Ochsen, aber der Ochse blickt nicht zurück. Es ist nämlich kein echter Ochse, sondern einer aus Holz. Neben dem Ochsen steht ein Esel aus Stroh. Nanu! Was haben denn ein Ochse und ein Esel mit Weihnachten zu tun?

Wisst ihr es?

Berti steht auf. Jetzt entdeckt er eine Krippe, in der eine Puppe liegt. Die Puppe ist in ein Stück Stoff gewickelt und hat einen goldenen Kranz auf dem Kopf. Das wird ja immer geheimnisvoller! Berti zieht sich gerade einen Strohhalm aus seinem goldenen Haar, als eine Schar Kinder zur Krippe stürmt. Jungen und Mädchen plappern wild durcheinander, während Berti sich schnell wieder im Strohhaufen versteckt.
„Seid bitte ruhig!", sagt nun eine Frau, die sich neben die Kinder stellt. Sie hält den Finger an den Mund. „Wir sind schließlich in einer Kirche."
Einen kurzen Moment ist es still. Dann plappern die Kinder wieder durcheinander.
„Ich spiele die Maria, die das Jesuskind zur Welt bringt", ruft ein Mädchen, das ein langes Kleid und ein Kopftuch trägt.
„Und ich spiele den Josef, den Mann von Maria", sagt ein Junge mit einem Hut.
„Wir sind die Hirten, die das Jesuskind im Stall besuchen", ruft ein weiterer Junge. Zwei andere Jungen nicken zustimmend mit dem Kopf.
„Wisst ihr denn eigentlich, warum Jesus in einem Stall geboren wurde?", fragt die Frau. Dabei blickt sie aufmerksam von einem zum anderen.
„Alle Hotels im Ort waren belegt. Aber Maria war schwanger und sollte ein Kind bekommen", erklärt ein Mädchen mit einer langen Schürze. „Deshalb mussten Maria und Josef zu den Tieren in einen Stall. Da hatten sie ein Dach über dem Kopf."
„Sehr gut!", lobt die Frau und klatscht in die Hände. „Dann fangen wir jetzt mit dem Üben für unser Krippenspiel an. Ich hoffe, ich könnt euren Text schon. Bis Heiligabend ist nicht mehr viel Zeit."
„Aber was ist mit dem Weihnachtsengel?", fragt ein kleiner Junge, der bisher ganz still war. „Meine Mama hat gesagt, im Stall war ein Engel, der auf das Christkind aufgepasst hat."
Berti bekommt große Ohren. Heimlich schaut er aus dem Strohhaufen hervor.
„Möchtest du den Engel spielen?", fragt die Frau und lächelt den Jungen freundlich an.
„Oh ja, gerne", sagt der Junge ernst.
Berti schmunzelt. Der Junge erinnert ihn so gar nicht an einen Weihnachtsengel.
„Glaubst du denn an Engel?", fragt die Frau weiter.

Glaubt ihr an Engel? Warum oder warum nicht?

„Ich glaube ganz fest an Engel!", antwortet der Junge, während einige Kinder leise anfangen zu kichern und sich gegenseitig anstupsen.

„Engel gibt es doch gar nicht", ruft plötzlich ein Mädchen mit kurzen schwarzen Haaren und grinst.

„Das ist ja unerhört", denkt Berti. Er breitet die Flügel aus und erhebt sich in die Luft. Dann schwebt er über die Köpfe der Jungen und Mädchen hinweg.

„Dort ... dort ist ja ein Engel", wispert das Mädchen mit den kurzen schwarzen Haaren. Die Kinder rufen „Oh!" und „Ah!" und sehen staunend einem hellen Lichtschein nach, der durch eines der Kirchenfenster nach draußen verschwindet.

Zusammenfassung

Berti landet in einer Kirche direkt neben einem Ochsen und einem Esel im weichen Stroh. Kurz danach stürmt eine Gruppe Kinder in die Kirche, die für ein Krippenspiel proben will. Ein Junge möchte den Engel spielen, der in der Krippe auf Maria, Josef und das Jesuskind aufpasst. Einige Kinder sagen jedoch, dass es keine Engel gibt, und lachen ihn dafür aus. Da breitet Berti seine Flügel aus, fliegt über die Kinder hinweg, die ihn staunend betrachten, und verschwindet durch ein Fenster wieder nach draußen.

Mein Engelsbild

Material:
- Digitalkamera
- weiße Fingerfarbe
- Pinsel
- Klebstoff

Material pro Kind:
- Ausdruck einer Porträtaufnahme
- blaues Tonpapier (DIN A4)

So wird's gemacht:
- Zuerst bestreichen die Kinder die linke Handfläche mit weißer Fingerfarbe und drücken diese mit gespreizten Fingern auf die linke Hälfte des Tonpapiers.
- Dann wiederholen sie die Aktion mit der rechten Hand. Jetzt sind „Engelsflügel" entstanden.
- Die Fingerfarbe gut trocknen lassen.
- Zum Schluss kleben die Kinder ihr Foto zwischen die Flügel.

Tipps:
- Lassen Sie die Kinder sich gegenseitig mit der Digitalkamera fotografieren.
- Das Engelsbild eignet sich als Weihnachtsgeschenk.

18. Dezember

Berti greift ein

Vorsichtig späht Berti aus der Kapuze eines orangefarbenen Anoraks, wo er sich heute nach seiner Landung befindet. Hui! Ihm weht frischer Wind um die Nase. Vor ihm sitzt ein Mädchen mit einem Pferdeschwanz. Es hält sich an den Kufen eines Schlittens fest. Dabei jauchzt es vor Vergnügen. Der Schlitten saust einen schneebedeckten Hügel herunter und die Sonne strahlt vom blauen Himmel.

Wart ihr auch schon Schlitten fahren?

„Achtung, Mona!", hört Berti plötzlich eine Stimme. „Gleich überhole ich dich!"
   Berti klammert sich mit seinen winzigen Fingern an der Kapuze fest und schaut sich um. Hinter ihnen fährt ein Junge auf einem Schlitten den Hang hinunter.
   „Das schaffst du nie, Tobi!", ruft Mona und lacht. Aber da rast Tobi schon wie der Blitz an Mona vorbei. Er saust die letzten Meter des Hügels hinunter und kommt als Erster unten neben einem Baum an. Stolz springt er vom Schlitten.
   „Ich war schneller als du!", ruft Tobi, als Mona neben ihm bremst.
   „Das nächste Mal gewinne ich!", sagt Mona entschieden.
   Dann ziehen Mona und Tobi gemeinsam ihre Schlitten den Hang hinauf. Dabei lachen und albern sie. Berti schaut aus Monas Kapuze und freut sich mit ihnen und über den Schnee rundherum, der weiß und geheimnisvoll glitzert. Oben angekommen lassen sich Mona und Tobi wieder auf ihre Schlitten fallen.
   „Eins, zwei, drei", zählt Tobi. Dann stoßen sie sich ab und fahren los.
   Anfangs ist Mona wieder schneller als ihr Freund. Aber in der Mitte des Hügels überholt Tobi sie. Er dreht sich zu Mona um und winkt ihr zu. Mona schneidet eine Grimasse. Doch plötzlich wird sie ganz blass.
   „Achtung!", ruft sie entsetzt. „Pass auf, wo du hinfährst!"
   Aber Tobi hört sie nicht. Anstatt nach vorne zu schauen, streckt er ihr die Zunge raus. Dabei fährt er geradewegs auf einen Baum zu.
   „Gleich geschieht ein Unglück!", denkt Berti. Er fliegt los und flattert dicht an Tobis Schlitten vorbei. Als Tobi den hellen Schein neben sich sieht, folgt er ihm mit den Augen. Dabei dreht er den Kopf wieder nach vorne und entdeckt den Baum. Gerade noch rechtzeitig bremst er mit den Fersen ab, reißt seinen Schlitten zur Seite und fährt haarscharf an dem Stamm vorbei.
   „Puh! Das war knapp!", denkt Berti erleichtert. Er atmet tief aus und setzt sich auf einen Ast des Baumes.
   Tobi schnappt immer noch nach Luft und starrt auf den dicken Stamm hinter sich.
   „Zum Glück ist dir nichts passiert", sagt Mona erleichtert, als sie neben Tobi zum Stehen gekommen ist. „Da hattest du wohl einen Schutzengel."

Berti lächelt bei Monas Worten. Dann breitet er seine Flügel aus und fliegt zu ihnen hinunter. Er schwebt dicht an ihren Gesichtern vorbei, bevor er wieder in den Himmel aufsteigt.

„Schau mal!", ruft Mona erstaunt und zeigt mit dem Finger in die Luft. „Da … da leuchtet etwas!"

„Mein Schutzengel!", ruft Tobi. Dann reibt er sich die Augen. Als er sie wieder öffnet, ist Berti bereits im Himmel verschwunden.

Zusammenfassung

Berti sitzt in der Kapuze des Mädchens Mona, das mit dem Schlitten einen Berg hinunterfährt. Plötzlich rast ein Junge namens Tobi lachend an ihnen vorbei. Unten angekommen, stapfen die Kinder gemeinsam den Berg hinauf, um erneut hinunterzusausen. Auch diesmal wird Mona von dem Jungen überholt, der sich während der Fahrt noch nach ihr umdreht. Dabei bemerkt er nicht, dass er geradewegs auf einen Baum zusteuert. Berti erkennt die Gefahr, fliegt an ihm vorbei und richtet so die Aufmerksamkeit des Jungen wieder nach vorne. In letzter Sekunde bremst der Junge ab und fährt haarscharf an dem Baum vorbei. Beide Kinder glauben, dass Tobi einen Schutzengel hatte, als sich Berti nochmals kurz zeigt und dann in den Himmel verschwindet.

Mein Schutzengel

Material pro Kind:
- Kopie der Vorlage von Seite 58 auf farbigem Tonpapier
- kleine Papierkugel
- Schere
- Klebstoff

So wird's gemacht:
- Die Kinder schneiden zunächst den Kreis der Vorlage aus und schneiden dann die gestrichelte Linie bis zur Mitte ein.
- Der abgebildeten Anleitung entsprechend wird eine Seite des Schnitts nun zur nächsten Linie umgeknickt.
- Der Kreis wird auf die Vorderseite gelegt, und das Gefaltete bis zur nächsten Linie nach hinten gelegt.
- So falten die Kinder weiter, bis der Kreis wie eine Ziehharmonika aussieht.
- Die Faltung öffnen und etwas auseinanderklappen, sodass das „Engelskleid" entsteht.
- Zum Schluss kleben die Kinder in die Kreismitte eine kleine Papierkugel als Engelskopf.

Tipps:
- Die Vorlage können Sie auch auf die Rückseite von Bastelfolie aufzeichnen und den Kindern zum Ausschneiden zur Verfügung stellen.
- Der „Schutzengel" kann im Gruppenraum oder auch zu Hause mit einem Stück Faden, das am Kopf befestigt wird, aufgehängt werden.

19. Dezember

Ein liebevolles Geschenk

„Puh, ist das dunkel", denkt Berti noch, bevor er kurz danach auf einem Haufen Asche landet. Bertis Gesicht und sein goldenes Haar sind ganz schwarz vom Ruß. Er muss kräftig husten und niesen.

Dann steht er auf, schüttelt sich und blickt sich um. Er ist in einem Wohnzimmer mitten in einem offenen Kamin angekommen! Vor ihm sitzt eine alte Frau in einem Schaukelstuhl. Sie hat einen Wollfaden zwischen den Fingern und zwei dünne Stäbe in den Händen, die leise klimpern.

Weißt du, was die Frau macht?

Berti schwebt auf die alte Frau zu. Jetzt bemerkt er einen Korb mit roten und blauen Wollknäueln, der neben der Frau auf dem Boden steht.

„Was machst du da?", fragt Berti.

„Ich stricke einen Schal für meinen Mann", erklärt die alte Dame und sieht in Bertis sternenklare Augen. „Damit ich an Heiligabend ein schönes Geschenk für ihn habe."

„Braucht dein Mann den Schal, damit er im Schnee spielen kann?", will Berti wissen, der sich an die Kinder im Park erinnert. Viele von ihnen trugen bunte Wollschals.

„Er braucht einen Schal, damit er nicht friert und nicht krank wird, wenn es draußen kalt ist", antwortet die alte Dame und legt das Strickzeug auf ihren Schoß. „Aber er spielt nicht mehr im Schnee."

„Wie schade", meint Berti bedauernd und setzt sich auf ein rotes Wollknäuel. „Wunderst du dich denn gar nicht über mich? Schließlich bin ich ein Engel!"

„In meinem Alter wundert man sich nicht mehr so oft", antwortet die alte Frau. Dabei schaukelt sie in ihrem Stuhl sanft hin und her. „Dem ersten Engel bin ich begegnet, als ich noch ein Kind war. Das ist schon viele, viele Jahre her."

„Ach so, du kennst uns also bereits", stellt Berti fest.

Die alte Frau nickt langsam mit dem Kopf und lächelt ihn an, wobei die kleinen Falten um ihre Augen noch deutlicher hervortreten.

„Warum kaufst du deinem Mann nicht einfach einen Schal? Dann hast du nicht so viel Arbeit", fragt Berti weiter, der sich an die vielen Sachen im Supermarkt und auf dem Weihnachtsmarkt erinnert.

Die alte Frau überlegt einen Moment. „Mein Mann freut sich viel mehr über einen selbst gestrickten Schal."

„Warum denn das?", will Berti nun wissen und zupft an einem Faden des Wollknäuels.

Könnt ihr Bertis Frage beantworten?

„Weil ich die ganze Zeit an meinen Mann denke, während ich stricke", erwidert die alte Frau. „Deshalb wird der Schal auch ganz besonders schön."

Berti schwebt zum Schal, der schon so lang ist, dass er vom Schoß der Frau auf den Boden reicht. Er hat ein schönes Sternenmuster und sieht warm und weich aus.

Auf einmal hätte Berti auch gerne einen Schal. Selbst wenn er ein Engel ist, nicht friert und eigentlich keinen braucht. „Machst du mir bitte auch einen Schal?" Berti fährt mit seinen kleinen Fingern vorsichtig über das Sternenmuster.

Die alte Frau nickt. Sie schneidet ein paar blaue und rote Fäden von den Wollknäueln im Korb ab und dreht sie ineinander.

„Bitte sehr", sagt sie und reicht Berti seinen winzigen Schal.

Berti ist sehr stolz, als er ihn um seinen Hals wickelt. Er sieht bestimmt wunderbar damit aus! Im Himmel werden alle staunen, wenn sie ihn so sehen.

„Er steht dir gut", meint die alte Frau zufrieden.

Eine leichte Röte breitet sich auf Bertis Gesicht aus. Er öffnet seine Flügel und schwebt davon – diesmal aber einfach durch die Wand.

Zusammenfassung

Berti ist in einem Wohnzimmer auf dem Aschehaufen eines offenen Kamins gelandet. Er begegnet einer alten Frau, die im Schaukelstuhl sitzt und strickt. Die Frau erzählt Berti, dass sie einen Schal für ihren Mann strickt, der sich über ein selbstgemachtes Geschenk viel mehr freut als über ein gekauftes. Als Abschiedsgeschenk erhält Berti einen winzigen Schal aus Wollfäden.

Weihnachtspuzzle

Material pro Kind:
- Streichholzschachtel
- Glitzerfolie
- Kopie der Vorlage von Seite 59 auf festem Papier
- Buntstifte
- Schere
- Klebstoff

So wird's gemacht:
- Zunächst bekleben die Kinder die äußere Hülle der Streichholzschachtel mit Glitzerfolie. Evtl. können auch die sichtbaren Seitenteile der inneren Schachtel beklebt werden.
- Die Kinder gestalten das Bild der Kopie farbig.
- Dann zerschneiden sie das Bild an den Linien.
- Die Puzzleteile werden in der Streichholzschachtel aufbewahrt.

Tipp:
Selbstverständlich können aus beliebigen Bildern weitere Puzzles hergestellt werden.

20. Dezember

Im Krankenhaus

Als Berti heute auf der Erde landet, riecht es anders als sonst.

„Wo bin ich denn?", fragt sich Berti. Er sitzt auf einem Nachttisch. Neben ihm liegt ein Junge im Bett und schläft. Dabei atmet er tief. Plötzlich stöhnt er leise auf, als ob er schlecht träumen würde.

Habt ihr auch schon einmal schlecht geträumt? Wovon?

„Hallo", flüstert Berti leise. Doch der Junge rührt sich nicht.

„Hallo! Hörst du mich?", fragt Berti noch einmal etwas lauter.

Da öffnet der Junge die Augen. Aber in der Dunkelheit kann er nichts erkennen.

„Hier bin ich. Ich sitze auf deinem Nachttisch", flüstert Berti und leuchtet kurz auf, damit ihn der Junge sieht.

Da dreht der Junge seinen Kopf zur Seite. Als er Berti entdeckt, zuckt er zusammen. „Wer … wer bist du denn? Träume ich noch?"

„Eben hast du schlecht geträumt", erklärt Berti. Er schwebt zu dem Jungen und setzt sich vor ihn auf die Bettdecke. „Deshalb habe ich dich geweckt."

„Ah, ich erinnere mich", antwortet der Junge und reibt sich verschlafen die Augen. „Ich habe geträumt, dass ich an Heiligabend immer noch im Krankenhaus sein muss."

„Warum bist du überhaupt hier?", fragt Berti.

Der Junge zeigt auf sein eingegipstes Bein. „Ich bin beim Schlittschuhlaufen hingefallen und habe mir mein Bein gebrochen."

Wart ihr auch schon mal so krank, dass ihr ins Krankenhaus musstet?

„Hast du Schmerzen?", fragt Berti mitleidig.

„Am Anfang tat es sehr weh, aber jetzt nicht mehr", antwortet der Junge. „Leider wissen die Ärzte noch nicht, ob ich an Weihnachten wieder zu Hause sein kann."

„Soso", raunt Berti und blickt den Jungen mit seinen sternenklaren Augen an.

„Wer bist du überhaupt?", will der Junge jetzt wissen.

„Ich bin ein Engel", erklärt Berti.

„Ein Engel? Dann kannst du mir einen Wunsch erfüllen?", fragt der Junge hoffnungsvoll.

„Um Wünsche zu erfüllen, bin ich noch zu jung. Das ist sehr schwierig. Außerdem wünschen sich die Menschen oft die merkwürdigsten Sachen und sind dann enttäuscht, wenn sie erfüllt werden", erzählt Berti. „Verrätst du mir trotzdem, was du dir wünschst?"

„Ich wünsche mir, dass ich Weihnachten zu Hause feiern darf", sagt der Junge. Dabei blickt er Berti ernst an.

„Gesund machen kann ich dich nicht. Aber ich verspreche dir, dass du ein sehr schönes Weihnachtsfest erleben wirst, ganz egal, ob zu Hause oder im Krankenhaus", tröstet Berti ihn.

„Weihnachten im Krankenhaus ist blöd", sagt der Junge trotzig.

„Mach die Augen zu und träume weiter." Berti zwinkert dem Jungen zu. Dann schnipst er mit den Fingern.

Der Junge wird plötzlich ganz müde und gähnt. Kurz darauf ist er wieder eingeschlafen und lächelt glücklich. Wovon er wohl diesmal träumt? Vielleicht davon, dass ihn an Heiligabend seine Eltern und seine kleine Schwester, sein Opa und seine Oma besuchen? Und davon, dass er viele Geschenke bekommt? Dass ihn alle sehr gern haben und lange mit ihm feiern?

Leise, ohne den Jungen zu wecken, schwebt Berti wieder durch die Fensterscheibe hinaus. Er fliegt zu den Wolken und zurück in den Himmel.

Zusammenfassung

Berti sitzt auf einem Nachttisch im Krankenhaus. Neben ihm liegt ein kleiner Junge im Bett, der wegen eines Traums im Schlaf stöhnt. Berti weckt ihn daher auf. Der Junge, der sich ein Bein gebrochen hat, wünscht sich sehr, Weihnachten zu Hause verbringen zu können. Berti kann ihn zwar nicht gesundmachen, aber er verspricht ihm, dass er trotzdem einen sehr schönen Heiligabend erleben wird. Mit einem glücklichen Lächeln auf dem Gesicht schläft der Junge wieder ein. Wovon er jetzt wohl träumt?

Adventsmeditation

Material:
- Kopie der Vorlage von Seite 60
- großes Tuch
- Kerze
- kleines, verpacktes Geschenk
- beliebiger Stern oder Abbildung eines Sterns
- Engelsfigur oder Abbildung eines Engels
- Feuerzeug

Material pro Kind:
- Kopie der Vorlage von Seite 61

So wird's gemacht:
- Breiten Sie das Tuch auf dem Boden aus und ordnen Sie darauf die Kerze, den Stern, den Engel und das kleine Geschenk an.
- Die Kinder setzen sich in einem Kreis um den Stoff auf den Boden.
- Zünden Sie die Kerze an und warten Sie eine Zeit lang, bis die Kinder ruhig geworden sind.
- Lesen Sie ganz langsam den Text der Adventsmeditation (S. 60) vor.
- Lassen Sie den Text noch eine Weile wirken.
- Besprechen Sie mit den Kindern die Bedeutung der auf dem Tuch stehenden weihnachtlichen Symbole (Informationen dazu siehe S. 60).
- Passend zum Gespräch gestalten die Kinder das entsprechende Bild farbig.

21. Dezember

Eine Wohnung wird geschmückt

Am nächsten Morgen landet Berti auf einer Straßenlaterne. Er beobachtet eine Weile die vielen Menschen mit ihren großen Tüten und Taschen, die durch die Einkaufsstraße hetzen. Dann flattert Berti nach unten und über ihren Köpfen hin und her. Aber niemand bemerkt den kleinen Engel. Dafür sind die Menschen viel zu sehr mit sich selbst beschäftigt.

Was machen die Menschen? Warum sind sie in Eile?

„Die Menschen sehen so unruhig aus", denkt Berti traurig. Da entdeckt er plötzlich ein Mädchen, das auf der Straße hüpft und singt. Als es zu einem Wohnhaus kommt, schließt es auf und verschwindet im Flur. Berti folgt ihm unbemerkt. Fröhlich springt das Mädchen die Treppenstufen hinauf und schließt eine Wohnung auf. Berti schwirrt weiter hinter ihm her, während das Mädchen den Mantel auszieht und ins Wohnzimmer geht. Dort steht mitten auf dem Boden eine Kiste. Das Mädchen kniet sich daneben und öffnet den Deckel. Vorsichtig nimmt es einen funkelnden goldenen Stern heraus.
„Oh!", ruft Berti entzückt.
Das Mädchen hält inne. Atemlos schaut es sich um und entdeckt Berti.
„Endlich besucht mich ein echter Engel", ruft es. Dabei klatscht es vor Freude in die Hände. „Das habe ich mir immer gewünscht."
„Bin ich dir nicht zu klein?", fragt Berti unsicher.
„Nein, du bist wunderschön", antwortet das Mädchen. „Einen schöneren Engel gibt es auf der ganzen Welt nicht!"
Verlegen fliegt Berti zu der Kiste und steckt seine Nase hinein.
„Willst du sehen, was darin ist?", fragt das Mädchen. Ohne eine Antwort abzuwarten, zieht es noch mehr Sterne, Kugeln, goldene Engel, Kerzenhalter, kleine Tannenbäume und Glocken heraus.
„Was machst du denn mit den schönen Sachen?", fragt Berti und setzt sich auf eine glitzernde Kugel.
„Ich schmücke die Wohnung", erklärt das Mädchen. „Damit es überall funkelt und festlich aussieht, wenn meine Mutter von der Arbeit nach Hause kommt. Dann freut sie sich bestimmt riesig."
„Soso", murmelt Berti und legt nachdenklich einen Finger an seine kleine Nase.

Wann hast du dich gefreut? Kannst du das Gefühl beschreiben?

Das Mädchen gibt Berti ein kleines goldenes Glöckchen. „Das schenke ich dir. Wenn du damit bimmelst, denkst du an mich. Dann freust du dich vielleicht auch."

Als Berti das Glöckchen in die Hände nimmt, erklingt ein heller leiser Ton. Berti lächelt. Auf einmal überkommt ihn ein ganz warmes Gefühl.

„Danke", antwortet Berti leise, während sich ein heller Schein um ihn herum ausbreitet. Er nimmt das Glöckchen ganz fest in beide Hände, bevor er seine Flügel ausbreitet und davonschwebt.

Zusammenfassung

Berti folgt einem fröhlich hüpfenden Mädchen, das auf dem Weg nach Hause ist. In der Wohnung packt es eine Kiste mit Weihnachtsschmuck aus. Es freut sich, als es Berti bemerkt. Es erklärt ihm, dass es die Wohnung schmückt, um damit seine Mutter zu überraschen, wenn sie nach Hause kommt. Zum Abschied schenkt das Mädchen Berti ein kleines Glöckchen.

Weihnachtsbaum-Anhänger

Material pro Kind:
- Filz
- weihnachtliche Ausstechform, z.B. Stern, Glocke, Tannenbaum
- Geschenkband mit Weihnachtsmotiven
- Stift
- Schere
- Klebstoff

So wird's gemacht:
- Die Kinder legen die Plätzchenform auf den Filz und umranden sie mit dem Bleistift.
- Das führen sie ein zweites Mal mit derselben Form durch.
- Dann schneiden sie die beiden gleichen Motive aus.
- Ein Motiv wird auf den Tisch gelegt und mit Klebstoff bestrichen, dann wird ein Stück Geschenkband schlaufenartig eingelegt und das zweite Motiv passgenau daraufgelegt.

22. Dezember

Eine Botschaft für das Christkind

Heute landet Berti wieder in einer Stadt. Aber nicht in einer warmen Wohnung und auch nicht auf einer Straße oder in einem Kaufhaus, sondern auf dem Balkon eines Hochhauses. Über ihm funkeln die Sterne und die schmale Sichel des Mondes steht am Himmel. Hier, so weit oben über der Stadt, ist es ruhig.

Nur aus der Ferne hört Berti das leise Summen der Autos auf den Straßen. Er rappelt sich auf und versucht, in der Dunkelheit irgendetwas zu erkennen.

„Ich sehe weder Menschen noch Tiere, noch nicht einmal einen Weihnachtsbaum oder einen winzigen Strohstern", denkt Berti und kratzt sich am Kopf. „Warum bin ich hier bloß gelandet?"

Doch plötzlich entdeckt Berti etwas Helles. Langsam schwebt er darauf zu. Auf einem kleinen Tisch zeichnet sich ein weißes Rechteck ab.

„Da liegt ein Brief", denkt Berti und betrachtet ihn. Auf dem Umschlag ist ein Engel gemalt. „Ob das eine Botschaft für mich ist?"

Was kann das für ein Brief sein?

Bevor Berti den Brief aufmachen kann, sieht er ein Kind, das sich an die Fensterscheibe drückt und ihn mit offenem Mund beobachtet. Berti fliegt durch die Scheibe und setzt sich vor ihm auf die Fensterbank.

„Bist du das Christkind?", fragt das Mädchen, das ein rotes Nachthemd und weiße Pantoffeln trägt.

„So etwas Ähnliches", antwortet Berti. „Ich ein Engel."

„Toll!", flüstert das Mädchen. „Ich habe immer geglaubt, dass es euch gibt."

„Und jetzt bin ich hier bei dir", sagt Berti ruhig.

„Du hast meinen Wunschzettel gefunden. Gehen jetzt alle meine Wünsche in Erfüllung?", fragt das Mädchen aufgeregt.

„Für Weihnachtswünsche bin ich nicht zuständig", sagt Berti und baumelt mit den Beinen. „Aber was ist denn dein größter Wunsch?"

„Am meisten wünsche ich mir eigentlich ein Tier", erzählt das Mädchen. „Aber ich muss immer niesen und husten, wenn ich eine Katze, einen Hund oder einen Hamster streichle. Meine Mama und mein Papa sagen, ich habe eine Allergie. Deshalb bekomme ich kein Tier. Das ist ungerecht!"

„Mmmmh!" Berti sieht das Mädchen mit seinen sternenklaren Augen an. „Du wohnst doch in einer großen Stadt. Gibt es hier nicht ein riesiges Haus für Tiere?"

Was meint Berti mit „Haus für Tiere"?

„Du meinst einen Zoo?", fragt das Mädchen verwundert.

„So nennt ihr das wohl", antwortet Berti. „Vielleicht wünschst du dir einfach, dass du ganz oft in den Zoo darfst?"

„Das ist eine tolle Idee!", ruft das Mädchen begeistert und klatscht in die Hände. „Ich wünsche mir eine Eintrittskarte, mit der ich immer in den Zoo gehen kann. Dann sehe ich meine Lieblingstiere, sooft ich will."

Schnell macht das Mädchen die Balkontür auf, geht in ihren Pantoffeln hinaus und holt den Wunschzettel wieder herein. „Den Brief muss ich jetzt ändern", erklärt sie. „Denn vielleicht holt ja auch noch das Christkind meinen Wunschzettel ab."

„Wer weiß?" Berti zwinkert dem Mädchen zu. Dann steht er auf. Er breitet seine Flügel aus, um zurück in den Himmel zu fliegen.

Zusammenfassung

Berti findet auf dem Balkon eines Hochhauses einen Brief. Bevor er ihn öffnen kann, entdeckt er ein Mädchen, das ihn vom Fenster aus anschaut. Berti fliegt zu ihm und erfährt, dass er den Wunschzettel des Mädchens gefunden hat. Sein größter Wunsch ist ein Tier. Aber da es eine Allergie hat, können ihm die Eltern den Wunsch nicht erfüllen. Berti schlägt vor, dass sich das Mädchen eine Jahreskarte für den Zoo wünschen kann. Das kleine Mädchen will den Wunschzettel sofort ändern und Berti fliegt davon.

Mandala

Material pro Kind:
- Kopie der Vorlage von Seite 62
- Bunt- und Filzstifte

So wird's gemacht:
- Jedes Kind gestaltet sein Mandala nach Belieben mit bunten Farben.
- Damit sie sich dabei auf ihr Bild konzentrieren können, sollen sie sich möglichst nicht unterhalten.

23. Dezember

Der schönste Weihnachtsbaum

Berti hört Schritte, die durch den schneebedeckten Wald stapfen und von fröhlichen Stimmen begleitet werden. Das knirschende Geräusch von Winterstiefeln wird deutlicher. Jetzt singen zwei Kinder „Am Weihnachtsbaume, die Lichter brennen …".

Berti sitzt hoch oben auf einer Eiche und wartet gespannt auf die Gesichter zu den Stimmen. Als die Kinder näherkommen, sieht er einen Jungen und ein Mädchen dick eingemummelt in Jacken, Schals und Mützen. Ein großer Mann mit einer Brille geht in ihrer Mitte und hält sie links und rechts an den Händen. Ihr warmer Atem bildet kleine, weiße Wölkchen in der kalten Luft. Berti will zu gerne wissen, was die drei hier im Wald suchen.

„Das ist ein schöner Weihnachtsbaum", ruft das kleine Mädchen plötzlich und zeigt auf eine Tanne. „Er passt genau in unser Wohnzimmer."

„Er ist viel zu groß", sagt ihr Vater und schmunzelt. „Wir müssen einen anderen Baum finden. Der Förster hat uns nur erlaubt, eine kleine Tanne mitzunehmen."

„Wozu brauchen Menschen denn überhaupt einen Baum in ihrer Wohnung?", wundert sich Berti, während der Vater mit seinen Kindern weiterstapft. Berti fliegt unbemerkt hinter ihnen her und lauscht.

Was glaubt ihr, warum man an Weihnachten einen Tannenbaum in die Wohnung stellt?

„Warum haben Menschen eigentlich Weihnachtsbäume?", fragt nun der Junge, als ob er Bertis Gedanken erraten hätte.

„Weil sie so gut riechen", antwortet seine Schwester sofort. Von der Kälte hat sie schon eine rote Nase. Aber das scheint ihr nichts auszumachen. „Und wenn sie dann mit Kugeln und Kerzen und Engeln und Limetta …"

„Lametta", verbessert sie ihr Bruder.

„… und Lametta geschmückt sind, sehen sie wunderschön weihnachtig aus."

„Weihnachtlich", verbessert sie ihr Bruder wieder.

„Einen Tannenbaum zu schmücken, ist ein ganz alter Brauch", beginnt der Vater nun und rückt seine Brille zurecht.

Berti spitzt die Ohren und schwebt näher an die drei heran. Jetzt wird es spannend!

„Vor vielen, vielen Jahren hatten nur ganz reiche Leute Tannenbäume in ihren Häusern. Damals glaubten die Menschen, grüne Pflanzen schenkten ewiges Leben und Gesundheit. Das glauben die Menschen heute zwar nicht mehr, aber grüne Pflanzen sind im Winter immer noch etwas ganz Besonderes. Findet ihr nicht auch?"

Der Vater geht mit seinen Kindern weiter, um den schönsten Tannenbaum zu finden, der im Wald wächst. Einer ist ihnen zu klein, der andere ist zu krumm und ein dritter hat keine gerade Spitze. Berti fliegt voraus und setzt sich auf eine kleine Tanne, um auf die drei zu warten.

„Der ist genau richtig", sagt der Junge plötzlich und zeigt ausgerechnet auf den Baum, auf dem Berti sitzt.

„Oh, der ist wirklich wunderbar", sagt seine Schwester mit glänzenden Augen. „Aber was leuchtet denn da? Sitzt dort oben ein kleiner Engel?"

„Wirklich!", ruft ihr Bruder. „Da glänzt etwas!"

„Das ist nur Eis, das glitzert", meint der Vater und lächelt. „Aber wenn ihr wollt, werden wir unseren Weihnachtsengel oben auf den Baum setzen. Genau dorthin, wo ihr den Engel seht."

„Dann erinnern sich die Kinder an Heiligabend an mich", denkt Berti fröhlich. Zufrieden breitet er die Flügel aus und schwebt langsam in den blauen Himmel.

Zusammenfassung

Berti entdeckt einen Vater mit seinem Sohn und seiner Tochter, die durch den Wald stapfen und nach einem Tannenbaum suchen. Dabei erzählt der Vater, dass früher nur die reichen Leute einen Tannenbaum in ihrer Wohnung hatten. Weil er auch im Winter grün ist, galt er als Zeichen für ewiges Leben. Dem Mädchen gefällt ausgerechnet der Baum, auf dem Berti sitzt. Es entdeckt den kleinen Engel, während der Vater dagegen Berti nicht sieht. Aber der Vater verspricht, einen Engel in den Weihnachtsbaum zu setzen, genau an die Stelle, wo seine Tochter Berti entdeckt hat.

Tannenbaum

Material pro Kind:
- grünes Papier (DIN A4)
- Lineal
- Stift
- Schere
- Klebstoff

So wird's gemacht:
- Die Kinder falten, schneiden und kleben ihr Blatt Papier der Anleitung auf Seite 59 entsprechend zu einem Tannenbaum.

Tipp:
Wenn man durch die Spitze des Tannenbaums einen Faden zieht, kann man ihn am Weihnachtsbaum aufhängen.

24. Dezember

Endlich ist Heiligabend!

„Endlich! Heute ist Heiligabend!", denkt Berti, als er zur Erde fliegt. Dabei ist ihm ganz feierlich zumute. Wo wird er wohl gleich landen? Langsam schwebt er tiefer. Er sieht Häuser und Straßen, Bäume und Spielplätze. Schließlich schwebt er durch ein Dach. Der festliche Geruch von Kerzen und Weihrauch steigt ihm in die Nase. Berti schnuppert.

Erratet ihr schon, wo Berti ist?

Sanft landet er auf einem goldenen Stern und schaut sich um. Vor ihm in den langen Bänken sitzen Großeltern, Eltern und viele Kinder. Alle sind fein gekleidet und schauen mit glänzenden Augen nach vorne zu einem Krippenspiel. Jetzt erkennt Berti, dass er in einer Kirche ist. Und der Stern, auf dem er sitzt, ist an einer langen Stange befestigt.

Berti schaut nach unten. Er entdeckt drei Kinder, die dunkle Mäntel tragen und große Hüte auf den Köpfen haben. Eins von ihnen sagt nun laut und deutlich: „Stellt euch vor: Uns ist ein Engel erschienen!"

Berti zuckt zusammen, als er die Worte hört. Haben die Kinder ihn entdeckt?

Aber das Kind redet weiter, ohne ihn zu beachten. „Der Engel hat verkündet, dass ein König in einem Stall geboren wurde. Da haben wir unsere Schafe allein auf den Feldern gelassen und sind losgezogen, um uns vor ihm zu verbeugen."

Die drei Kinder verbeugen sich tief vor einem Mädchen, das ein langes Kleid trägt und eine Puppe im Arm hält.

„Wir sind einfache Hirten, die sich auf den Weg gemacht haben, wie der Engel uns riet", erklärt nun das zweite Kind, das einen Stock in der Hand hält.

„Und ich bin Maria", antwortet das Mädchen. „Ich habe gerade einen Sohn geboren. Es ist Jesus, der Sohn Gottes."

„Wir werden der ganzen Welt von dem Wunder berichten", sagt nun der dritte Junge, der ebenfalls als Hirte verkleidet ist.

Kurze Zeit später ertönt Orgelmusik. Die Kirchenbesucher singen „Stille Nacht, heilige Nacht!". Berti staunt. Er blickt abwechselnd zu den verkleideten Kindern vor dem Stall und zu den strahlenden Kindern in den Bänken.

Dann entdeckt er auf einmal den Jungen vom Weihnachtsmarkt wieder. Er steht zwischen seinem Vater und seiner Mutter und singt aus voller Seele mit. Berti wird ganz warm ums Herz. Plötzlich zeigt der Junge auf ihn und flüstert seiner Mama etwas ins Ohr. Berti winkt ihnen zu.

Nach und nach schauen ihn auch andere Kinder an. Sie beginnen zu flüstern, zu tuscheln und zu wispern. Dabei geben sie sich gegenseitig Zeichen. Immer mehr Kinder bemerken den kleinen Engel, der vom Stern aus zu ihnen schaut. Berti freut sich so, dass er zu leuchten

beginnt. Dann breitet er seine Flügel aus und schwebt langsam über die Menschen hinweg. Die Erwachsenen reiben sich die Augen, während die Kinder ihm hinterherwinken.

Berti schwebt wie ein strahlender Schein durch die geschlossene Tür hinaus ins Freie. Dort dreht er sich ein paar Mal um sich selbst, bevor er langsam hoch in den Himmel fliegt. Dabei denkt er noch einmal an all die schönen Begegnungen, die er auf der Erde hatte: an die strickende Frau im Schaukelstuhl, an die singende Familie im Wohnzimmer, an die beiden scheuen Rehe, an den Jungen mit der Schere, an die Schneeballschlacht im Park …

Wisst ihr noch, was Berti alles erlebt hat?

Glücklich fliegt er nach Hause. Was er alles in den letzten Wochen gesehen, erlebt und gelernt hat! Ein wenig traurig ist er schon, dass seine Zeit auf der Erde nun vorbei ist.
Aber wer weiß, vielleicht kommt er nächstes Jahr wieder?

Zusammenfassung
An Heiligabend landet Berti in der Kirche. Er sitzt auf dem Stern, der auf dem Dach einer Krippe befestigt ist, und beobachtet ein Krippenspiel. Plötzlich entdeckt er den kleinen Jungen vom Weihnachtsmarkt wieder und winkt ihm zu. Immer mehr Kinder und Erwachsene bemerken den kleinen Engel, der schließlich über ihre Köpfe hinweg durch die Tür nach draußen fliegt. Berti hat in den vergangenen Wochen viel darüber erfahren, wie die Menschen Weihnachten feiern. Glücklich und zugleich ein wenig traurig fliegt er nach Hause in den Himmel. Aber vielleicht kommt er ja mal wieder?

Weihnachtsmemory

Material pro Kind:
- zweifache Kopie der Vorlagen von den Seiten 63 und 64
- ein Bogen weißer Tonkarton (DIN A2)
- Bunt- oder Filzstifte
- Schere und Klebstoff
- Laminierfolie und Laminiergerät

So wird's gemacht:
- Die Kinder malen die kopierten Motive aus, schneiden sie aus und kleben sie auf vorbereitete Memorykarten aus Tonkarton (ca. 7 x 7 cm).
- Zur besseren Haltbarkeit werden die Memorykarten laminiert.
- Das Spiel folgt den bekannten Regeln.

Gestaltungsvorlagen

zu: 1. Dezember (Seite 6/7)

zu: 3. Dezember (Seite 10/11)

Gestaltungsvorlagen

zu: 7. Dezember (Seite 18/19)

Kling, Glöckchen, kling

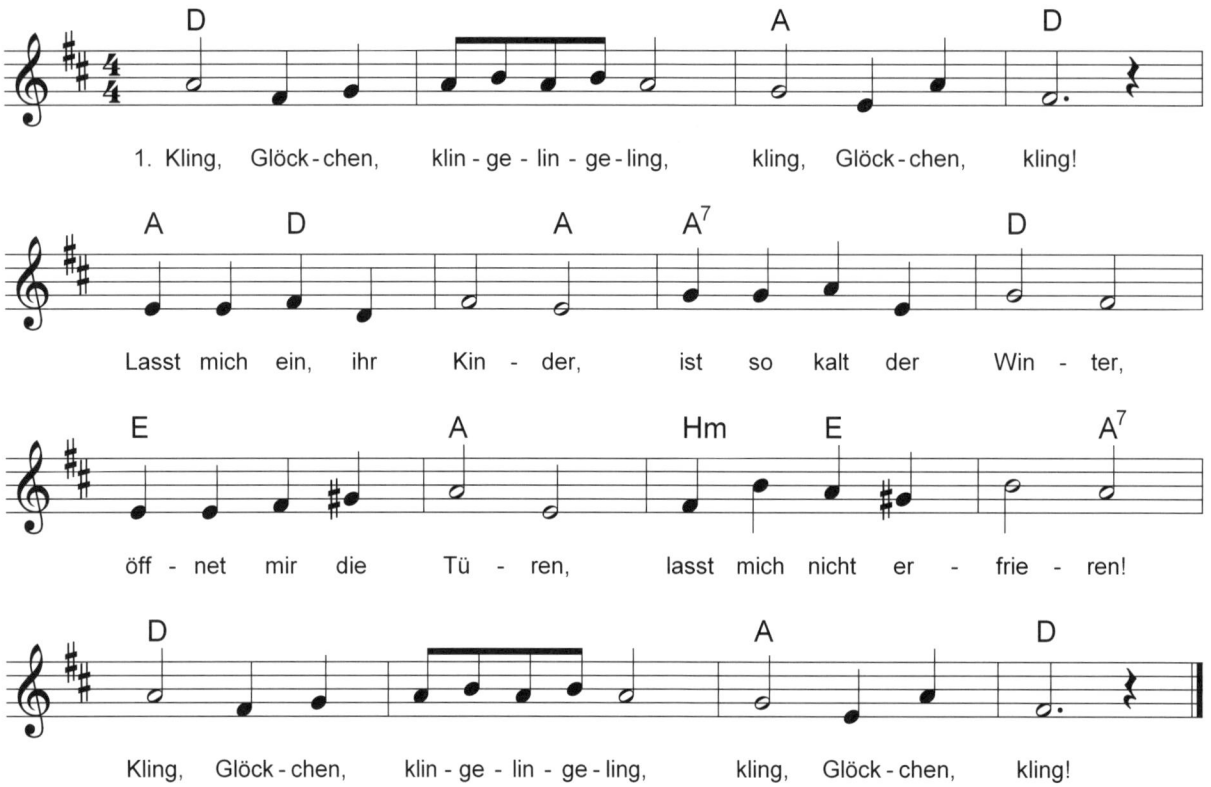

2. Kling, Glöckchen, klingelingeling,
   kling, Glöckchen kling!
   Mädchen, hört, und Bübchen,
   macht mir auf das Stübchen,
   bring euch viele Gaben,
   sollt euch dran erlaben!
   Kling, Glöckchen, klingelingeling,
   kling, Glöckchen kling!

3. Kling, Glöckchen, klingelingeling,
   kling, Glöckchen kling!
   Hell erglühn die Kerzen,
   öffnet mir die Herzen!
   Will drin wohnen fröhlich,
   frommes Kind, wie selig.
   Kling, Glöckchen, klingelingeling,
   kling, Glöckchen kling!

zu: 7. Dezember (Seite 18/19)

Gestaltungsvorlagen

zu: 18. Dezember (Seite 40/41)

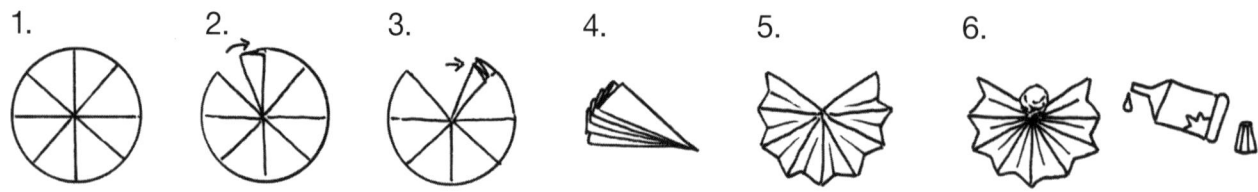

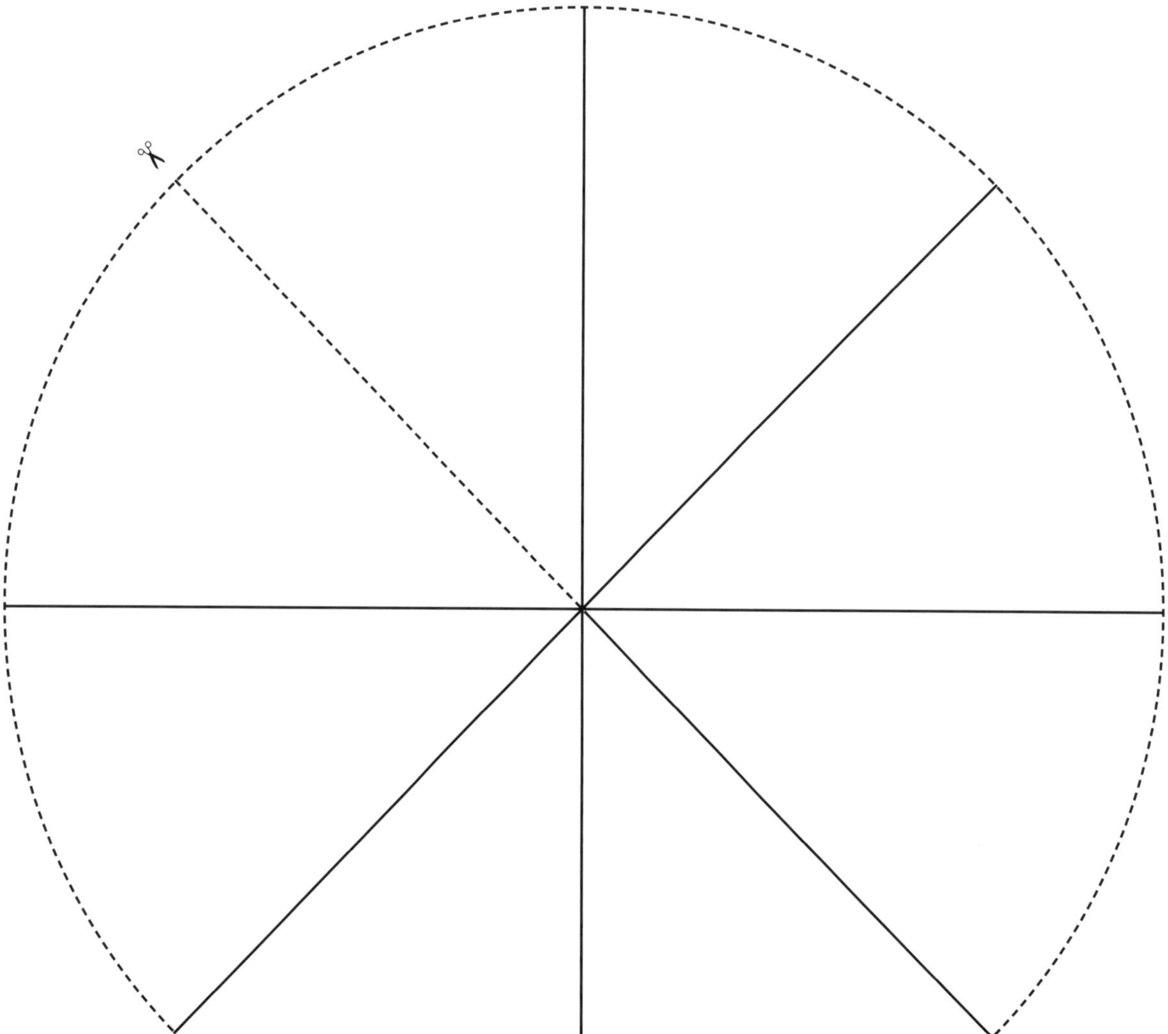

zu: 19. Dezember (Seite 42/43)

zu: 23. Dezember (Seite 50/51)

1. Das Blatt Papier wird jeweils an der langen Seite in der Mitte gefaltet und anschließend auseinandergeschnitten, sodass die folgenden vier Teile entstehen:

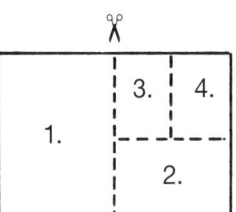

2. Die Teile 1, 2 und 3 werden jeweils zu einem „Hut" gefaltet:

   a) Die beiden kurzen Seiten jeweils zweimal aufeinanderlegen, die zweite Faltung wieder aufklappen und die beiden oben liegenden, geschlossenen Ecken zur Faltlinie in der Mitte klappen.

   b) Die unten offenen Längskanten nach oben falten und die überstehenden Ecken jeweils umklappen.

   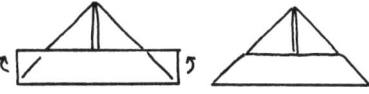

3. Die drei „Hüte" werden nun der Größe nach ineinandergesteckt – der größte unten und der kleinste oben – und mit etwas Klebstoff befestigt. Das letzte Papierteil wird zu einer Röhre gerollt und als Stamm von unten in den untersten „Hut" geklebt.

   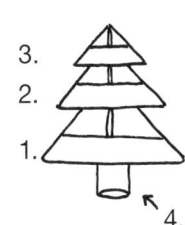

Gestaltungsvorlagen

zu: 20. Dezember (Seite 44/45)

Adventsmeditation

Ich sitze im Kreis
und sehe den Schein der Kerze.
Meine Arme werden schwer.
Meine Beine werden schwer.

Mir ist ganz warm und ich fühle mich wohl.
Ich werde ganz ruhig
und spüre nur noch meinen Atem.

Vielleicht höre ich den Atem eines anderen Kindes.
Vielleicht höre ich ein ganz leises Geräusch von draußen.
Vielleicht höre ich auch nichts.

Ich schließe meine Augen.
Wie ein Engel schweben meine Gedanken davon.
Ich genieße die Stille
und tue nichts.

Bedeutung der weihnachtlichen Symbole:

– Eine brennende **Kerze** bringt Licht in die Dunkelheit. Sie ist ein Symbol für Jesus, der als Retter auf die Welt kam.

– **Engel** sind Boten Gottes, sie bringen z. B. Maria die Botschaft, dass sie einen Sohn gebären wird, oder sagen den Hirten, dass in Bethlehem der Sohn Gottes geboren wurde.

– Der **Stern** dient als Wegweiser. Er zeigt den Heiligen Drei Königen den Weg zum Stall, wo Jesus geboren wurde.

– **Geschenke** erinnern an die Gaben der Heiligen Drei Könige für das Jesuskind: Gold, Weihrauch und Myrrhe. Wir machen uns an Weihnachten damit gegenseitig eine Freude und zeigen unsere Liebe.

zu: 20. Dezember (Seite 44/45)

Gestaltungsvorlagen

zu: 22. Dezember (Seite 48/49)

zu: 24. Dezember (Seite 52/53)

Gestaltungsvorlagen

zu: 24. Dezember (Seite 52/53)